Zellulitis endlich besiegt

Dr. Jacques Lemoulinier
Patrick Burger und Jean Guias

Zellulitis endlich besiegt

MIDENA

Der MIDENA VERLAG dankt Herrn Dr. med. Markus Stöcklin, Aarau, für die kritische Prüfung des medizinischen Teils.

Die französische Originalausgabe erschien unter dem Titel «La Cellulite – enfin vaincue» bei Buchet/Chastel, Paris. Die deutsche Übersetzung besorgte Sylvie Juilland.

Für die Lizenzausgabe

3. Auflage 1990

Gestaltung Inhalt: Hans Gallati, Aarau
Gestaltung Umschlag: Dora Hirter, Aarau
Illustrationen Umschlag und Inhalt: Jürg Furrer, Seon
Satz: AGI Atelier für die graphische Industrie AG, Stüsslingen
Herstellung: Benziger AG, Einsiedeln
Verantwortliche Herausgeber: Alfred und Léonie Haefeli

ISBN 3-310-00112-1

Inhalt

Erster Teil

		Seite
Kapitel 1	Was ist Zellulitis?	10
	Wer ist betroffen?	10
	Wo tritt die Zellulitis auf?	11
	Die Ursachen	12
Kapitel 2	Die grundsätzlichen therapeutischen Methoden	17
	Die allgemeinen Therapien	18
	Die lokalen Therapien	19
	Welche Produkte können wir injizieren?	21
	Welche Produkte eignen sich für die Behandlung?	22
	Die Elektrotherapie	23
	Die Stimolotherapie	23
	Die Ionisation	24
	Sauna oder Paraffin-Bäder	24
	Die Thalasso-Therapie	25
	Die aktiven Therapien	28
	Die Chirurgie	30
Kapitel 3	Die Behandlung	32
	Die lokale Behandlung	34
	Behandlung von dicken Beinen	35
	Schlussbemerkung	36

Zweiter Teil

Kapitel 1	Keine Wunderdiät	38
	Der Schlüssel zur Diät	38
	Die versteckten Kalorien	39
	Die angenehme Illusion	40
	Die erlaubten Nahrungsmittel	41
	Unerwünschte Nahrungsmittel	42
	Gleichwertige Kraftspender	45
Kapitel 2	Mengenmässiger Ernährungsplan	46
	Frühstücksvorschläge	47
	Menuvorschläge	48
	Rezepte	
Kapitel 3	Vorspeisen und Salate	51
Kapitel 4	Fischgerichte	77
Kapitel 5	Fleischgerichte	85
Kapitel 6	Käse und Nachspeisen	91
Kapitel 7	Saucen	107
Kapitel 8	Ratschläge für Verpflegung im Restaurant	111

Dritter Teil

Kapitel 1	Gymnastikübungen – angepasst an die Zellulitis-Behandlung, 1–16	114

Anhang

Schlusswort	124
Erklärung einiger medizinischer Fachausdrücke	125
Die Autoren	127

Zum Geleit

Die Zellulitis ist so alt wie die Menschheit. Sie hat immer existiert und wird immer existieren. Allerdings hat sie unseren Vorfahren wenig Probleme bereitet. Die sichtbaren Stellen des Leidens konnten unter weiten Röcken und fliessenden Gewändern versteckt werden. Leider hat sich die Mode stark geändert, und Rubens klassische weibliche Körpermasse sind in unseren Modejournalen nicht mehr gefragt.

Erster Teil

Was ist Zellulitis?

Dieser eingebürgerte Ausdruck, 1891 von Hogner zum ersten Mal benützt, ist schlecht gewählt. Für die Mediziner ist er fachlich sogar falsch, denn der Ausdruck «Zellulitis» weist auf einen Entzündungsprozess hin, der aber im Zellulitisgewebe gar nicht existiert.

Es ist deshalb sinnvoller, von einer lokalen Lipodystrophie [17] (Fettgewebeschwund) zu sprechen, und richtiger, dieses Leiden als eine krankhafte Veränderung des Bindegewebes zu bezeichnen. Diese Definition verdanken wir unserem Kollegen Dr. J. Bargheon.

Präzisieren wir also, dass die Zellulitis nicht als Fettsucht bezeichnet werden darf. Auch wenn Fettsucht in einigen Fällen noch zum Leiden hinzukommt, so tritt die Zellulitis doch auch bei mageren Frauen auf.

Mit Zellulitis wird also die Veränderung des Zellgewebes der Haut bezeichnet. Diese Veränderung, praktisch ausschliesslich bei Frauen, wird von zwei gleichzeitig auftretenden Anomalien verursacht:

- einerseits durch die Anhäufung von Fett in den Fettgeweben
- anderseits durch einen Flüssigkeitsstau und Ablagerungen in der Grundsubstanz [2]

Wer ist betroffen?

Wir haben bereits gehört, dass die Zellulitis fast nur bei Frauen auftritt. Sie ist ein äusseres Merkmal der Frau, vergleichbar etwa mit den Brüsten. Also, wenn wir den Rücken eines Knaben und den eines Mädchens vor der Pubertät betrachten, ist kein deutlicher Unterschied festzustellen. Mit Beginn der Pubertät wird das Mädchen normalerweise aber unverwechselbare «Formen» annehmen.

Die Zellulitis ist normal bei der Frau. Nur wenn sie im Übermass auftritt, ist es angebracht, sie zu behandeln.

Wo tritt die Zellulitis auf?

Sie kennen die Antwort selbstverständlich bereits. Meistens ist es das berühmte «Reithosen-Phänomen». Die Zellulitis setzt sich im Gesäss und den vorderen äusseren Teilen der Oberschenkel fest. Im allgemeinen handelt es sich entweder um eine feste Zellulitis, kompakt an den äusseren und hinteren Teilen, oder um eine weiche Zellulitis an den inneren und vorderen Teilen.

Das Knie ist ebenfalls sehr häufig betroffen, wenn auch begrenzt. Es ist vor allem die innere Seite des Knies und die oberen und unteren Regionen der Kniescheibe, wo die Zellulitis auftritt.

Weniger häufig ist Zellulitis am Unterschenkel. Sie wird sichtbar am Knöchel, oder häufiger, am ganzen Bein, was den Anblick eines dicken, wenig ästhetischen Gliedes ergibt. Sie hängt fast immer mit einer Gefässinsuffizienz [29] und einem Flüssigkeitsstau zusammen.

Andere Körperstellen sind von Zellulitis eher selten betroffen. Wenn sie aber auftritt, wird sie von einer leichteren oder schwereren allgemeinen Fettsucht begleitet: An Nacken und Schultern, Unterarmen und Unterleib, hier ganz besonders oberhalb des Nabels.

Wie zeigt sie sich?

Zahlreiche Hypothesen sind aufgestellt worden, um das Auftreten eines Übermasses an Zellulitis zu erklären. So hat man eine allergische Theorie in Betracht gezogen, eine toxische [30] Theorie und eine Stoffwechsel-Theorie. Tatsächlich scheint es, dass alle diese Thesen weit entfernt sind von der Realität.

Die Ursachen

Wenn es zu Beginn gegensätzliche Meinungen und Theorien gab, (einige sprachen von hormonellem Verlust und andere von hormoneller Überproduktion), hat man im Laufe der Zeit in der Forschung begonnen, von Oestrogen [3] zu sprechen. Da die Zellulitis ein Frauenleiden ist, war es logisch, auf Hyperöstrogenismus [31] hinzuweisen. Heute ist unbestritten, dass die Oestrogensekretion der Bildung von Zellulitis vorangeht. Dies bedeutet aber nicht, dass die Zellulitis durch einen Verlust oder eine übermässige Ausscheidung von Hormonen entsteht. In Wirklichkeit ist eine übermässige Ausscheidung von Oestrogen eher selten. Hingegen ist Hyperöstrogenismus im Zusammenhang mit einem Missverhältnis zwischen der Follikel-Ausscheidung einerseits und derjenigen von Progesteron [5] anderseits, sehr häufig. Es kann auch eine Oestrogen-Rezeptorenschwäche bestehen. Der erhöhte Oestrogenspiegel scheint in diesem Fall von einem besonderen Mangel an peripheren Fettempfängern für Oestrogen herzurühren. Aber es ist offensichtlich, dass die Hormon-Theorie nicht alles erklärt, und dass zahlreiche andere Faktoren für die beschleunigte Produktion von Zellulitis ebenfalls verantwortlich sind. Wir werden sie nacheinander betrachten.

Wer wäre nicht versucht zu sagen: *«Wie die Mutter, so die Tochter»*. Es ist nicht zu verleugnen, dass es morphologische Eigenschaften gibt, die sich von Generation zu Generation übertragen. Diese Übertragung ist weder konstant noch zwingend und trotzdem eine Realität. Andererseits übertragen sich Gewohnheiten, die mit der Genetik nichts zu tun haben, oft von der Mutter auf die Tochter. Eine «gute» Küche ist eben zu oft eine schwere, kalorienreiche: Die Produzentin von Gewicht und Zellulitis. Es ist hauptsächlich *die Verdauung,* die eine Überproduktion von Zellulitis nach sich ziehen kann, und zwar durch die folgenden Mechanismen:

- Einerseits durch den mechanischen Prozess (durch die normale und eine verlängerte Präsenz von Fäkalien) im Darm. Diese verlängerte Präsenz belastet die Blut- und Lymphgefässe [4], was vor allem den Kreislauf beeinträchtigt und im besonderen die Blutzirkulation im kleinen Becken benachteiligt.
- Andererseits ein Stoffwechselprozess, hervorgerufen durch die Stockung des Kots im Darm. Diese bringt eine grössere Anhäufung von Giften mit sich, die sich dann in den Hautschichten ablagern.

Deshalb ist es von grösster Bedeutung, gegen das Übel der Verstopfung anzukämpfen. Im therapeutischen Kapitel werden Sie die Elemente zu einer Diät gegen die Verstopfung finden.

Vier Abschnitte im Geschlechtsleben der Frau können ganz besonders die übermässige Bildung von Zellulitis einleiten:

- *Die Pubertät*

Wie wir wissen, ist Oestrogen *das* Hormon der Weiblichkeit, welches dem Mädchen seine femininen Attribute verleiht. In der nachpubertären Phase kommt es oft vor, dass die Eierstöcke schlecht funktionieren. Das Progesteron [5] wird ungenügend ausgeschieden. Es hemmt die Wirkung des Oestrogens nicht, und die Zellulitis kann sich in grossem Umfang entwickeln. Diese Anomalien der Funktion des Eierstocks sind häufig und bedürfen nur selten einer besonderen Behandlung. Denn oft ordnet sich mit 16 oder 17 Jahren alles wieder von selbst... aber die Zellulitis, die bleibt.

- *Die Schwangerschaft*

Im Laufe der Schwangerschaft, besonders während der ersten Monate, produziert die Frau bedeutende Mengen von Hormonen, so auch das Oestrogen. Es werden 5 bis 6 mal höhere Oestrogenwerte festgestellt als im Laufe normaler Zyklen. Diese Menge von Oestrogen bewirkt eine zusätzliche Anhäufung von Zellulitis.

- *Die Wechseljahre*

Die dritte Phase im Sexualleben der Frau ist die Menopause. Sie ist eine wichtige Periode in der Entwicklung der Zellulitis. In der Tat, wie in der Pubertät wird die Funktion des Eierstockes [7] sowie die Ausscheidung des Eierstock-Hormons gestört. Hingegen wird das Oestrogen weiterhin in grossem Masse produziert, was die Zellulitis-Bildung begünstigt.

- *Das Prämenstruelle Syndrom*

Im normalen Zyklus der Frau gibt es manchmal Tage, in der sie sich «aufgeblasen» fühlt. Die Brüste vergrössern sich und sind gespannt, auch die Oberschenkel und das Gesäss sind davon betroffen. Es handelt sich um einen Flüssigkeitsstau, verbunden mit einem Verlust an Progesteron. Die Frauen können eine Gewichtszunahme bis zu 2 Kilogramm feststellen. Natürlich verschwindet dieses Wasser am Ende des Zyklus wieder. Es wird aber immer etwas Flüssigkeit zurückbleiben, die mit der Zeit Zellulitis bilden kann.

Die ernährungsbedingten Ursachen
Es ist nicht zu leugnen, dass eine zu kalorienreiche, schlecht ausgewogene, zu gesalzene, mit zu wenig Getränken (Wasser) begleitete Ernährung eine wichtige Ursache zur Verschlimmerung der Zellulitis ist.

Die Folgeursachen
Dic Bcschwerden der vertebralen Statik (Wirbelsäule), die schlechte Haltung und auch das lange Sitzen können eine bestimmte muskuläre Schlaffheit nach sich ziehen. Ganz besonders die Gesässmuskeln und diejenigen der Oberschenkel sind davon betroffen. Der durch die normalen muskulären Massen freigewordene Platz wird durch fettes Hautgewebe angefüllt, was die Situation verschlimmert.

Die von der Zirkulation beeinflussten Ursachen
Die Krampfadern, die ungenügende Versorgung der unteren Gliedmassen mit Blut bilden Zellulitis und erhalten sie am Leben. Es ist tatsächlich ein Teufelskreis: Umso bedeutender die Gefässinsuffizienz [29] ist, desto weniger gut werden die lokalen Blutaustausche sein, und es kommt zu Ablagerungen von Wasser und anderen Rückständen. Es entsteht Zellulitis, die dann ihrerseits die Zirkulationsprobleme noch verschlimmert.

Die psychologischen Ursachen
Oft sind diese schlecht zu erklären, obwohl sie häufig an der

Krankheit beteiligt sind. Sorgen und Nöte, Depressionen und Leid können innerhalb kurzer Zeit zellulitische Ablagerungen und eine bedeutende Gewichtszunahme auslösen. (Es kann selbstverständlich auch das Gegenteil bewirken).

Die medikamentösen Ursachen
Die Einnahme von Verhütungsmitteln und bestimmte Hormonbehandlungen können der Grund sein für eine Überproduktion von Zellulitis.

Die grundsätzlichen therapeutischen Methoden

Sie sind zahlreich geworden. Bestimmte Behandlungsarten ergeben bessere Resultate als andere. Es ist wichtig, dass man sich stets die folgenden Punkte vor Augen hält:

- Es gibt keine «Wunder-Behandlung». Die Resultate sind abhängig von der Schwere der Zellulitis, deren Dauer, dem Alter der Patientin, den hauptsächlichen Ursachen (die der Bildung von zellulitischen Anhäufungen vorausgegangen sind) sowie dem Zustand der Gefäss- und Lymphbahnen.

  Eines muss Ihnen ganz klar sein: Die Zellulitis ist keine schwere Krankheit, sondern vor allem eine ästhetische Ungnade. Die angewandten Behandlungen dürfen dem Allgemeinzustand der Patientin auf keinen Fall schädlich sein.
- Die Zellulitis gänzlich zum Verschwinden zu bringen, ist praktisch unmöglich. Man kann ein Übermass an Zellulitis verhindern.
- Übergewicht und Zellulitis sind zwei verschiedene Dinge. Wir haben das schon mehrmals festgehalten. Die Zellulitis wird meist lokal behandelt. Bei Übergewicht wird man sehr differenzierte Therapien zu Hilfe nehmen, meistens auf einer Diät basierend.

Die allgemeinen Therapien

Die Ernährungslehre
Man weiss, dass «nur gewichtsreduzierende Diäten» auf die Zellulitis ohne Wirkung sind. Viele unserer Patientinnen, die drakonische Diäten durchführten, sahen ihre Wangen und Brüste einfallen, ohne irgend eine Verbesserung der Zellulitis an Oberschenkel und Gesäss festzustellen. Im allgemeinen wird die ästhetische Ungnade des Leidens nur noch deutlicher sichtbar. Trotzdem, eine gesunde, ausgewogene Ernährung ist entscheidend. Dabei geht es nun nicht in erster Linie um eine Diät, sondern um eine eigentliche Ernährungserziehung, die «lebenslänglich» dauern soll.

Die Ernährung soll reich an Proteinen sein, arm an Kohlehydraten und Fetten. Vorsicht vor allem mit Industriezucker, welcher die Ausscheidung von Insulin [9] stimuliert. Diese ist fetthaltig und würde andererseits eine Rolle bei der Polymerisation [10] der Grundsubstanz [2] des Bindegewebes spielen. Die Speisen sollten sehr mässig gesalzen werden, dies während des Kochprozesses, niemals am fertigen Gericht. Die Getränke sollen sehr reichlich eingenommen werden. In der Regel eineinhalb bis zwei Liter pro Tag. Typische Menüs und Rezepte, ausgearbeitet von einem Spezialisten der Diätküche, werden später vorgestellt.

Die Medikamente
Nach vielen therapeutischen Versuchen auf dem oralen oder rektalen Weg bin ich zum Schluss gekommen, dass nur zwei Produkte eine effektive Wirkung auf die Zellu-

litis haben: «Centella Asiatica». Das unter dem Markennamen «Madécassol» bekannte Produkt wird aus der eingangs erwähnten Pflanze gewonnen. Es hat eine gute Wirkung auf die Zirkulations-Komponente des Zellulitis-Syndroms. Es wird vom Bindegewebe [12] gänzlich aufgenommen und übertragen. Immer dann, wenn die Zellulitis von Krampfadern [13] begleitet wird, von Besenreisern [14], Schwere in den Beinen, Oedemen [15], ist Madécassol ein unentbehrliches Mittel.

«Triacana». Die Wirkung dieses Stoffwechselmittels [16] auf die thyroiden Hormone [32] wurde lange Zeit bestritten, weil man ihm zu Unrecht hyperthyroide Eigenschaften nachsagte. Das Triacana wird heute oft verschrieben. Die Studien haben gezeigt, dass dieses Produkt bis in die Fettzellen eindringt, und dass sie auf diesem Niveau den Abbau der Triglyceride [18] der Fettzelle und ihre Beseitigung bewirkt. In 70% der Fälle stellt man eine Verbesserung der Hautgeschmeidigkeit mit dem Verschwinden der Orangenhaut fest, ebenfalls eine Abnahme der Schmerzen und schlussendlich eine Verminderung des Umfanges der zellulitischen Zonen.

Die lokalen Therapien

Unter «lokaler Behandlung» versteht man den Komplex manueller, mechanischer oder elektrischer Therapien.

Die Crèmes

Eine ganze Anzahl von Crèmes werden von bekannten Markenartikelherstellern angeboten. Sie alle aufzuzählen, wäre zu aufwendig. Dies umso mehr, als ihre Wirkung im

Rahmen einer isolierten Behandlung der Zellulitis mehr als umstritten ist.

Ich empfehle alle diese teuren Produkte nicht. Je nach Art der Zellulitis verschreibe ich eine Zubereitung auf der Basis von «Thiomucase», «Gandhour mit Silicium» und «Defiltran». Für schwere Fälle «Triacana» (s. Absatz «Medikamente»).

Die Injektionen

- Wir übergehen schnell die intramuskuläre Injektion, die total unwirksam ist und in der Behandlung der Zellulitis aufgegeben werden sollte.
- Erfolgversprechender wäre die Infiltration in das Hautgewebe mittels einer langen, flexiblen Nadel. In Anwendung einer Technik, sternförmige Infiltrations-Injektion genannt, ist es möglich, das Behandlungsprodukt auf eine recht grosse Fläche der Zellulitis zu verteilen. Diese relativ schmerzhafte Therapie, welche mittlere Erfolge ergibt, wird zur Zeit nur noch wenig angewandt.
- Doktor Pistor, dem Erfinder der Mesotherapie, verdanken wir die heute am häufigsten angewandte Methode. Dank verschiedener Modelle von Multi-Injektoren, die er entwickelt hat, ist die lokale Behandlung der Zellulitis möglich.

  Während mehrerer Jahre habe ich mit Erfolg die verschiedenen Typen von manuellen, kreisförmigen Multi-Injektoren mit sieben bis achtzehn Nadeln angewandt. Die Methode ist ebenfalls schmerzhaft und verursacht zudem unästhetische Hämatome [19].
- Seit einiger Zeit wende ich die elektronische Mesotherapie an, die ebenfalls von Doktor Pistor entwickelt wurde. Eine elektronische Injektorpistole, die den Takt, den Durchfluss und das Tempo der Injektionen reguliert, ermöglicht diese moderne Behandlungsmethode. Sie

wird ebenfalls mit der kleinen, in der Mesotherapie klassischen Nadel vorgenommen. Die Vorteile sind offensichtlich: Erhöhte Präzision, praktisch schmerzlos, minime lokale Verletzungsgefahr.

Welche Produkte können wir injizieren?

Sie sind zahlreich. Wie wir schon erwähnten, ist das Ziel der Behandlung meist ästhetischer Natur. Sie darf nicht schädlich sein. Es ist wichtig, die gefährlichen Produkte gleich auszuschalten:

- *Die starken entzündungshemmenden Mittel*

Da die Zellulitis keine Entzündung ist, sind sie unangebracht. Sie können auch eine Zerstörung des lokalen Bindegewebes hervorrufen und schliesslich ziehen sie einen bedeutenden Wasserstau nach sich.

- *Die harntreibenden Mittel*

Sie verursachen einen grossen Verlust an Wasser und Salz. Sie wirken überhaupt nicht gegen die Zellulitis.

- *Die gerinnungshemmenden Mittel*

Selbst, wenn sie einen gewissen Einfluss auf das Fettgewebe haben, bleiben sie doch gerinnungshemmende Mittel. Sie verursachen Hämatome (Blutergüsse).

- *Die Schilddrüsenhormone*

Sie sollten nur im Falle einer Schilddrüseninsuffizienz angewendet werden. In allen andern Fällen ist davon abzuraten.

Welche Mittel sind geeignet?

• *Pflanzliche Mittel*

Das am meisten angewandte Produkt ist ein Extrakt aus Artischocken. Es hat eine leichte cholesterinsenkende und harntreibende Wirkung, welche den Stoffwechsel des Cholesterins und des Harnstoffs verändert. Es ist absolut gefahrlos. Es wird vor allem als Entgiftungsmittel verwendet.

Man injiziert ebenfalls den Extrakt aus Honigklee, welcher eine schützende Wirkung auf die Blutgefässe hat und die lymphatische und venöse Durchblutung verbessert.

• *Mineralsalze*

In schwacher Dosis injiziert, verbessern die Mineralsalze das Gleichgewicht des Bindegewebes. Man verwendet vorwiegend Kalium, Magnesium, Kalzium und Silizium. Einige Erfahrungen lassen vermuten, dass Silizium eine antizellulitische Aktivität ausübt. Dies ist aber vorerst eine Hypothese.

• *Die Ausbreitungsenzyme*

Wenn sie auch keine Wirkung gegen die Anhäufung von Fetten haben, so kämpfen sie doch gegen den Flüssigkeitsstau.

• *Die Mittel für die Wirkung auf den Fettstoffwechsel*

Das Hormon Choriongonadotropin [1]: Untersuchungen haben gezeigt, dass dieses Mittel eine direkte Wirkung auf die Fettsucht hat, indem es die Fettbildung hemmt [21], das heisst, die Bildung von Triglyceriden (verschiedene Fettsäuren) in der Fettschicht. Sie bestimmt die Ausscheidung von Fettsäuren [22], die als Energiequellen benutzt werden.

Die fettspaltenden Enzyme, welche eine direkte Wirkung auf das Fett (Protelipan) haben, können ebenfalls angewendet werden. Diese Mittel sind völlig unschädlich, wenn sie in der richtigen Dosierung benutzt werden. Sie haben eine lokale Wirkung auf die Zellulitis. Sie reagieren auf alle Komponenten der Krankheit: Wasser, Fett, Ablagerungen und Gifte.

Die Elektrotherapie

Sie umfasst die Ganzheit der Therapien, auf die die elektrischen Ströme reagieren.

- Die Inionisierung oder Di-Elektrolyse (nicht leitende elektrische Ströme).
- Die Stimulationstherapie oder die motorisch anregende Therapie.
- Die ionisierenden Mittel.

Die Stimolotherapie

Die motorisch anregenden Ströme verursachen ein Zusammenziehen der Muskeln. Diese Kontraktionen bewirken:

- Der muskuläre Stoffwechsel wird angeregt.
- Die Entwicklung der Muskeln wird gefördert.
- Es wird eine lokal-regionale Hyperämie [25] erzeugt, die den Stoffwechsel erleichtert.

Die Ionisation

Die Ionisation besteht darin, medikamentöse Substanzen durch die Oberhaut und die oberen Hautschichten zu schleusen mit Hilfe von Strom.

Biologische Wirkungen
- Thermischer, gefässerweitender Effekt.
- Erhöhung des lokalen Stoffwechsels.
- Elektrolyse [24] der Gewebe.
- Anästhesie der Nervenenden mit positivem Pol.
- Motorische Stimulation mit negativem Pol.

Die ionisierenden Mittel
Das am besten bekannte Mittel ist das «Thiomucase», in zweifach destilliertem Wasser gelöst, oder das «Chrophytol». Mann kann auch andere Produkte einsetzen:
- Die Substanzen auf der Basis von Silicium.
- Die Bio-Katalysatoren auf Gewebe-Basis.
- Die Thyroiden Derivate.

Mit Vorsicht anzuwenden
- Auf die Durchblutung bezogene Mittel.
- Die pflanzlichen Derivate (Extrakte aus Algen oder Efeu).

Sauna oder Paraffin-Bäder

Diese Techniken sowie die Schwitzkästen können unter der Bezeichnung «Thermologie» zusammengefasst werden. Diese Therapien durch Wärme lösen gewisse Wohlgefühle aus, die hier nicht zur Diskussion stehen. Sie ziehen aber vor allem eine Gift-Ausscheidung nach sich, denn Schwitzen ist wichtig. Sie erzeugen eine allgemeine Entspannung, haben eine gute Wirkung auf gewisse rheumatologische Leiden und können in der heilgymnastischen Behandlung hilfreich sein. Hingegen ist die Wirkung auf Fettsucht oder Zellulitis nicht relevant. Nach der Schwitzkur kann ein Gewichtsverlust festgestellt werden. Der ist jedoch von kurzer Dauer. Nach der Einnahme von Getränken ist das Anfangsgewicht wieder erreicht.

Die Thalassotherapie

Unter diese Bezeichnung fallen alle Therapien wie See-Hydrotherapie, Algotherapie. Sie haben mit Meerwasser, Algen und Meerschlamm zu tun. Diese Behandlungsmethoden sind bei rheumatischen oder traumatischen Leiden am erfolgreichsten. In der Schönheitsmedizin ist die Thalassotherapie, wenn sie nicht als Hauptbehandlung isoliert angewendet wird, sicher eine der wirksamsten Zusatztherapien gegen Zellulitis. Sie ist eine angenehme und ungefährliche Behandlung.

Wenn die Elektrotherapie und die Spritzen, wie vorher beschrieben, so reagieren, dass sie Flüssigkeit reduzieren und die Dicke der Fettschicht vermindern, können Mineralsalze und Spurenelemente [26], die im Meerwasser oder im Meerschlamm enthalten sind, das zellulitische Bindegewebe nähren. Bei allen zellulitischen Leiden ist das Bindegewebe an Mineralsalzen und Sauerstoff verarmt und funktioniert verlangsamt. Selbstverständlich beurteilen wir die Wirkung der Thalassotherapie nur mit Blick auf die Zellulitis. Für viele andere Leiden ist es von höchster Bedeutung.

Einige Anwendungen sind für die Behandlung der Zellulitis erwähnenswert: Die Pflegearten in der Badewanne sind *Sprudelbäder, Mikroblasen-Bäder, Turbulenz-Bäder, Algenbäder und Unterwasser-Duschen.* Diese Meerwasser-Bäder sind warm, das Wasser hat eine angenehme Temperatur von 37 °C, ihre Höchstdauer soll 20 Minuten nicht überschreiten. Meistens fügt man den Bädern Meeralgenextrakte bei, welche die Wirkung verstärken.

Die Bäder haben eine Erhöhung der Hauttemperatur zur Folge und verbessern damit die venöse und lymphatische Zirkulation. Das Zellulitisgewebe wird besser mit Sauerstoff versorgt. Ein Sauerstoffmangel verlangsamt alle Stoffwechselreaktionen und fördert die Anhäufung von Ablagerungen. Andererseits ermöglicht dieses aus der Tiefe gepumpte Meerwasser das Eindringen der Bestandteile: Mineralsalze, Spurenelemente und Vitamine, die den Zustand des Bindegewebes unter der Haut verbessern.

Diese beiden Hauptwirkungen werden dadurch verstärkt, dass die Badewannen mit Luft- oder Wasserdüsen ausgerüstet sind, welche eine Massage an den zellulitischen Zonen ausführen. Die Badewannen mit Unterwasserduschen ermöglichen es dem Hydrotherapeuten, eine wirksame und sehr präzise Massage zu applizieren.

• *Die grosse Dusche oder Strahldusche*

Der Strahl treibt unter grossem Druck Meerwasser durch die Öffnung. Die grosse Dusche hat eine stimulierende und stärkende Wirkung. Patientinnen, die unter Gefässinsuffizienz leiden, müssen vorsichtig sein. Der Strahl darf auch nicht auf empfindliche Organe oder Regionen gerichtet werden (Gesicht, Geschlechtsorgane, Brüste).

• *Die Übergüsse*

Die auf dem Rücken oder Bauch liegende Patientin erhält

einen feinen Meerwasserschauer auf den ganzen Körper. Diese Pflege ist sehr entspannend und schmerzstillend. Sie verbessert die Durchblutung.

- *Die Algenpackungen*

Sie haben die beste Wirkung auf die Zellulitis. Um ein besseres Eindringen der Algen in die Hautsubstanzen zu erreichen, müssen diese Packungen warm gemacht werden. Man bedient sich dazu einer Infrarot-Lampe. Das Vorgehen ist einfach: Algenpackung applizieren, in ein undurchlässiges Tuch einrollen und danach die Patientin während 20 Minuten der Wärme aussetzen.

- *Der Meerschlamm*

Er ist ausserordentlich reich an mineralischen und pflanzlichen Komponenten, die aus Ablagerungen auf bestimmten Meeresböden der Bretagne gewonnen werden. Diese sehr reichen Elemente werden lokal angewandt oder in Schwimmbäder geleitet. Sie stimulieren die Durchblutung und erneuern das Bindegewebe.

- *Die Massagen*

Wenn es auch illusorisch ist, von einer Massage eine Verminderung der zellulitischen Ablagerungen zu erwarten, so ist sie doch eine gute Methode unter der Bedingung, dass sie die Durchblutung und Entwässerung fördert.

- *Die Durchblutungs-Massage*

Sie soll der Belebung der Gefässe dienen, denn das zellulitische Gebiet bremst das Fliessen des Blutes in die Venen. Ein Teufelskreis entsteht: Die verlangsamte Zirkulation fördert die Oedeme und die Anhäufung von Ablagerungen. Gleichzeitig stört die stets anwachsende Zellulitis den Venenrückfluss.

Die Durchblutungs-Massage soll äusserst behutsam angewendet werden. Sie beginnt mit leichtem Reiben an der Fusssohle und geht bis zur Leistenfalte, indem man den Venenläufen des Beines und der Schenkel folgt. Diese schmerzlose Massage, die die Ganzheit des fetthaltigen Unterhautgewebes umfasst, bringt gute Resultate mit Langzeitwirkung.

• *Die lymphatische Entwässerung*

Dies ist die zweite wichtige Technik. Entwickelt von Professor Vodder und Frau Virginia Cool. Diese Entwässerung hat zum Ziel, die lymphatische Zirkulation zu fördern. Normalerweise ist diese sehr langsam und geschieht nur durch Muskelkontraktion und durch die Bewegungen des Zwerchfells. Die verlangsamte Zirkulation verhindert eine ausreichende Ausscheidung der Ablagerungen und giftigen Substanzen durch die Zellen. Die Drainage findet in entgegengesetzter Richtung der Durchblutungs-Massage statt. Sie geht vom Ansatz der Extremität gegen die Peripherie. Diese Behandlung darf nur nach ärztlicher Kontrolle ausgeführt werden.

Die aktiven Therapien

Die Gymnastik

Sie kann in der Behandlung der Zellulitis von Bedeutung sein. Es ist allerdings nicht die eine Gymnastikstunde pro Woche mit bestem Lehrer, die Erfolg verspricht. Es ist die tägliche Wiederholung von einigen einfachen Übungen. Die Gymnastik ist mindestens aus zwei Gründen wichtig:

- Sie verbessert die Muskulatur.
- Die venöse und lymphatische Durchblutungsdynamik der unteren Gliedmassen wird gesteigert.

Stürzen Sie sich nicht kopflos in eine intensive Turnerei. Sie sollten sich nach der Gymnastikstunde nie müde fühlen, sondern im Gegenteil ein wohliges Gefühl empfinden.

Aufbau: Zehn Minuten während den ersten Tagen, um dann nach einiger Zeit zwanzig bis dreissig Minuten im Maximum zu erreichen.

Die gymnastischen Übungen, die wir Ihnen später empfehlen, sind dann von grosser Wirksamkeit, wenn Sie sie regelmässig praktizieren.

Die Rollentherapie

Es handelt sich um eine aktive Therapie, die besondere Geräte verlangt (Rollen, Gewichte, Tische, Gurten). Diese Technik hat zum Ziel, die inneren und äusseren Muskeln des Oberschenkels zu straffen. Es soll keine starke Muskulatur entstehen, die nicht feminin aussehen würde: Es soll damit durch Spannung und Straffung das «Reithosen-Phänomen» bekämpft werden. Diese Technik hat bei unseren Patientinnen grossen Erfolg.

Der Sport

Die Ausübung einer Sportart ist für eine gute Gesundheit von Bedeutung. Der Nutzen, die Zellulitis betreffend, ist allerdings nicht sehr gross. Einige Sportarten wie Tennis oder Tischtennis, die ein ständiges Trippeln erfordern, sind nicht empfehlenswert für Frauen, die eine bedeutende Zellulitis an den unteren Gliedmassen aufweisen. Auch der Reitsport verbessert sicher nicht eine Zellulitis an Oberschenkel und Gesäss. Hingegen können die nachfolgend aufgelisteten Sportarten eine gewisse Verbesserung bringen:

- Das Schwimmen, indem man besonders auf Schwimmarten achtet, die mit Fussschlägen gemacht werden (Crawl, Rückenschwimmen).
- Das Laufen ist immer empfehlenswert, leicht und an jedem Ort auszuführen, und sei es nur deshalb, dass man mehr seine Beine als das Auto, den Lift oder die Rolltreppe benutzt.
  Es muss noch erwähnt werden, dass das Gehen auf ebenem Boden die Gesässmuskeln wenig bearbeitet, und dass es deshalb sinnvoll ist, eine Tour im hügeligen Gelände zu unternehmen. Für Personen, die am Meer wohnen, ist Gehen im Wasser ausgezeichnet.
- Auch der klassische Tanz ist zu empfehlen.

Auf keinen Fall soll irgendeine Sportart leistungs- oder berufsmässig ausgeübt werden. Denn eine übertriebene Entwicklung der Muskeln (professionelle Schwimmerinnen, Tänzerinnen usw.) ist nie ästhetisch.

Die Chirurgie

Die Chirurgie ist heute zu einer der bevorzugten Behandlungen der Zellulitis geworden. Sie schliesst die anderen Methoden nicht aus, die immer noch die einzigen bleiben für Patientinnen, bei denen ein chirurgischer Eingriff nicht in Frage kommt. Sei es, dass die Patientinnen zu alt sind oder der Zustand der Haut nicht befriedigend ist. Ich empfehle, während rund vier Wochen vor dem Eingriff ca. 10 Mesotherapie-Sitzungen zu belegen. Ebenfalls soll die Ernährung umgestellt werden.

Die nun bekannte chirurgische Technik besteht aus einer Absaugung des überflüssigen, fetthaltigen Gewebes.

Dies meistens unter lokaler Betäubung. Der Eingriff ist einfach, schmerzlos und schnell. Er benötigt weniger als eine Stunde und erfordert keinen Spitalaufenthalt. Er führt zu den besten Resultaten und ist endgültig. Nach dem chirurgischen Eingriff sind Laser-Co2-Sitzungen zu empfehlen. Sie wirken gegen Oedeme und bekämpfen Entzündungen.

Wir betrachten nun in groben Zügen die übrigen aktuellen medizinischen Behandlungsarten.

Die Behandlung

Die Behandlung der Zellulitis scheint oft langwierig und langweilig. Das ist zweifellos so. Geduld und Ausdauer sind auch hier der Schlüssel zum Erfolg.

• *Behandlung des gestörten, inneren Gleichgewichts*
Wie wir gesehen haben, wird die Zellulitis auf viele Arten hervorgerufen und am Leben erhalten. Deshalb ist es wichtig, zuerst die verschiedenen Unausgeglichenheiten zu korrigieren, die das Übermass an Zellulitis fördern.

• *Behandlung von chronischer Verstopfung*
Hier handelt es sich im wesentlichen um eine Ernährungs-Umstellung. Ein leichtes Abführmittel anfangs, aber nur ausnahmsweise, kann von Zeit zu Zeit eingenommen werden. Zum Beispiel alle drei Tage einmal als oberste Grenze. Die Diätratschläge, die wir Ihnen in diesem Buch geben, genügen mit Sicherheit. Auch da braucht es viel Geduld: Mehrere Wochen, ja sogar Monate braucht der Darm oft, um sich an die geänderte Ernährung anzupassen.

Seit mehreren Monaten verwende ich jetzt mit Erfolg eine pflanzlich-therapeutische Behandlung, die Eingefrorenes von Faulbaumrinde und Sennesstrauch enthält, die ich mit Ispaghul verbinde. Dies ist eine an Schleimstoffen reiche Pflanze, was einen mit kaltem Wasser angesetzten Gel ergibt. Dieser Gel hat eine wohltuende Wirkung auf den Stuhlgang, ohne Reizung oder sonstige starke Reaktion.

Selbstverständlich fördert eine gesunde Ernährung auch die Verdauung und entlastet den Darm. Die folgenden Ratschläge sind sicher nützlich:

- Wenn immer möglich die Darmentleerung zur gleichen Stunde vornehmen.
- Tägliches Laufen ist Pflicht, die sitzende Lebensweise möglichst vermeiden.
- Unterleibsmassagen sind manchmal hilfreich (ärztlichen Rat einholen).
- Versuchen Sie, den oft abgestumpften Entleerungsreflex auszulösen, indem Sie morgens nüchtern ein Glas kaltes Wasser trinken oder ein frisches Yoghurt essen (sie müssen frisch sein, dann wirken sie leicht abführend, nahe am Auslaufdatum wirken sie eher verstopfend).

Die folgenden Nahrungsmittel grosszügig verwenden

- Gekochte oder rohe Gemüse (wenn sie gut vertragen werden).
- Frische, gut ausgereifte Früchte, roh oder gekocht (Kompott), jeweils am Morgen.
- Alkoholfreie Getränke (mindestens 1½ Liter pro Tag).
- Täglich sechs Kleien-Stengel essen (erhältlich in Apotheken und Drogerien).

Die folgenden Nahrungsmittel vermeiden

- Gewisse Gemüse und Früchte, die individuell nicht gut vertragen werden: So z. B. Radieschen Gurken, Paprika, Kohl, Zwiebeln, Steckrüben, Trauben, Kirschen, Melonen.
- Trockengemüse
- Vollkornbrot reich an Zellulose (je nach persönlichem Empfinden)
- Weisser Reis
- stark gesalzene Mahlzeiten
- konzentrierte Zuckerspeisen wie Konfitüre, Gelees, Schokolade

Behandlung der Gliedergefässleiden
Langes Stehen vermeiden. Nach einer guten Gesundheit trachten. Giftstoffe (Alkohol, Tabak usw.) vermeiden.
Durchblutungsmassagen, leichte Gefässwandtherapie, Wasseranwendungstherapie, Gymnastik.
Langzeiteinnahme von leichten Medikamenten, die die Durchblutung und Venenspannung verbessern. Auch Medikamente aus der Pflanzenheilkunde sind zu empfehlen.

Die lokale Behandlung

Behandlung von lokalisierter Zellulitis
Sie beruft sich auf alle vorher beschriebenen Techniken. Selbstverständlich werden einige, je nach Fall, wirksamer sein als andere. Ich empfehle die Gesamtheit der folgenden Therapien:
- Eine lokale Therapie, die ausschliesslich auf der Hydrotherapie und auf der Meerwassertherapie beruht: *Meerstrahlbäder, Sprudelbäder, Unterwasserdusche.*

Durch die allgemeine Mikromassage, die diese Therapien mit sich bringen, sind sie für diese Art der Zellulitis besonders geeignet. Zwei Meerwasser- oder Heilquellenbäderkuren pro Jahr von je ca 12 Tagen sind sehr wirksam. Zusätzlich bringen Ihnen die Behandlungen eine wohlige Entspannung, die für den guten Verlauf der Kur von grösster Bedeutung ist.

- *Elektrotherapie*

Eine Serie von 10 bis 15 Sitzungen vom täglichen Rhythmus bis dreimal wöchentlich, welche je nach Bedarf wiederholt werden, dies je nach Beschaffenheit der zellulitischen Schicht.

- *Elektronische Mesotherapie*

Die Sitzungen werden im gleichen Rhythmus durchgeführt wie die der Elektrotherapie, welche vorgängig stattfindet. Dies ermöglicht im Laufe der Ionisation und der muskulären Stimulation eine bessere Verteilung der injizierten Mittel.

- *Massagesitzungen (Lymphatische Drainage oder Gefässdrainage)*

Diese Behandlungen können einmal wöchentlich, oder 12 – 15 Sitzungen in Serie (zwei- oder dreimal jährlich) vorgenommen werden.

Behandlung von dicken Beinen

Gewisse Patientinnen zeigen eine auf das ganze Bein und die Oberschenkel verteilte Zellulitis, was sehr unästhetisch wirkt. Die Hauptursache dieser «dicken Beine» liegt meistens bei den Zirkulationsstörungen. Es gibt Durchblutungsstörungen, bei denen die venöse Zirkulation sowie die Haut- oder lymphatische Durchblutung betroffen sein können. Die Behandlung ist die folgende:

- Eine gesunde Ernährung mit viel pflanzlichem Eiweiss.
- Gefässgymnastik für die unteren Gliedmassen.
- Je nach Fall sollte man auf einer Lymphdrainage bestehen (dicke Beine mit lymphatischer Ursache) oder einer Durchblutungsmassage (dicke Beine mit venöser Ursache oder Krampfadern und schweren Beinen).
- Hydrotherapie. Wassertreten oder Wasserübergüsse sind bei diesem Leiden angezeigt. Man solte darauf achten, die Sitzung mit einer kalten Dusche oder einem kalten

Bad zu beginnen, wenn es sich um eine venöse Ursache handelt, oder warme Dusche und warmes Bad, wenn die Ursache in der Haut liegt.

- Das Tragen von Spezialsandalen, welche den Venenrückfluss durch die Massage der Fusssohlen fördern.
- Leichte Drucktherapie, indem besondere Schuhe resp. Stiefel mit abgestuftem Druck verwendet werden.

Eine Schlussbemerkung

Die meisten der hier beschriebenen Behandlungsarten sollten in einem spezialisierten Institut oder bei spezialisierten Ärzten der Schönheitsmedizin ausgeführt werden.

Es ist selbstverständlich möglich und nötig, dass die Ratschläge für die Ernährung zuhause angewendet werden. Sie können auch die Gymnastik in Ihrer Wohnung oder im Garten betreiben.

Schliesslich haben Sie die Möglichkeit, im eigenen Bad eine Hydrotherapie durchzuführen. Es gibt ausgezeichnete Apparate, die ein Sprudelbad in der eigenen Badewanne ermöglichen. Stärkungsmittel aus dem Meerwasser sind in allen Drogerien und Apotheken erhältlich.

Zweiter Teil

Keine Wunderdiät

Wir haben im ersten Buchteil die lokale und allgemeine medizinische Behandlung der Zellulitis beleuchtet. Im zweiten Teil kommen wir nun auf die besondere Ernährung zu sprechen, die, welche Behandlung wir auch immer anwenden, obligatorisch ist.

Eine Wunderdiät können wir Ihnen nicht anbieten. Vorrangiges Ziel soll auch nicht sein, schnell einige Kilogramm zu verlieren, die mit Abbruch der Diät sofort wieder zugenommen werden. Es ist viel wirksamer und von anhaltendem Erfolg, sich an eine andere Ernährung zu gewöhnen: leicht und ausgewogen. Eine solche Ernährung garantiert eine dauerhafte Gewichtsverbesserung und verhindert die erneute Anhäufung von Zellulitis, die durch lokale Behandlung erfolgreich zum Verschwinden gebracht wurde.

Der Schlüssel zur Diät

Trinken Sie mindestens 1½ bis 2 Liter Wasser pro Tag, am besten zwischen den Mahlzeiten.

- Essen Sie langsam
- Naschen Sie nicht zwischen den Mahlzeiten
- Lassen Sie nie eine Mahlzeit aus
- Vermeiden Sie gezuckerte und alkoholische Getränke
- Vermeiden Sie stärkehaltige Nahrungsmittel: Kartoffeln, Reis, Gries, Teigwaren, Brot und Zwieback
- Vermeiden Sie Zucker und zuckerhaltige Produkte:

Honig, Konfitüre, Kleingebäck, Kuchen, Cremespeisen, Eiscreme, Bonbons, Schokolade, usw.

- Vermeiden Sie Fette: Butter, Margarine, Rahm (Sahne), Öl...

Die versteckten Kalorien

- 100 g Tomaten enthalten 22 Kalorien, aber ein Esslöffel Ol deren 135
- 100 g Steak enthält 250 Kalorien, eine Portion Sauce Bérnaise ebenfalls.
- Eine gedünstete Seezunge von 200 g hat ungefähr 150 Kalorien, die gleiche Seezunge à la meunière zubereitet, hat deren 350.
- Zwei Whiskies und 50 g gesalzene Mandeln haben gleichviel Kalorien wie 230 g Entrecôte.
- Eine Rahm-Patisserie (Kleingebäck mit grossem Anteil Sahne) hat stolze 500 Kalorien.
- Öl aus Sonnenblumenkernen, Soja, Oliven, Traubenkernen, Mais, Baumnüssen (Walnüsse) haben gleich viel Kalorien wie Erdnussöl.

Die angenehme Illusion

- Brot oder Zwieback?
  Der Zwieback spendet mahr Kraft als das Brot. Einziger Vorteil von Brot: man isst weniger davon.
- Weissbrot oder Vollkornbrot?
  Vollkornbrot ist Weissbrot in jedem Fall vorzuziehen, es sei denn, dass man damit Verdauungsprobleme hat. Vollkornbrot ist reich an Vitaminen, vor allem der Gruppe B, und hat einen grossen Kleieanteil.
- Magerjoghurt mit Früchten oder teilentrahmtes Naturejoghurt?
  Fruchtjoghurts mit 0% Fettgehalt sind nahrhafter als teilentrahmte Naturejoghurts.
- harte Eier-Diät, Bananen-Diät, Ananas-Diät?
  Zwar stellt sich bei diesen Diäten rasch eine Gewichtsreduktion ein, aber nach deren Abbruch ist man sehr schnell wieder auf dem alten Gewicht. Solche Diäten sind unausgewogen und der Gesundheit wenig zuträglich.
- Regelmässiger Sport ist der Gesundheit ohne Zweifel sehr zuträglich. Zwar verbrauchen wir bei 30 Minuten Laufsport lediglich 200 bis 220 Kalorien, für uns aber entscheidend ist jedoch, dass in der Kombination Sport und Diät als Fettersatz Muskeln gebildet werden.
  Sport zu treiben hat auch noch einen weiteren nicht zu unterschätzenden Effekt: wir kommen viel weniger in Versuchung zu naschen.
- *Die harntreibenden Mittel:* Man nimmt nicht ab durch Wasserverlust, sondern durch Fettabnahme.
  Die Hungerstopper: Dies sind Reizmittel mit depressivem Risiko.
  Die thyroidischen Extrakte: Sie verlieren zur einen Hälfte

Fett und zur anderen Hälfte... Muskeln.
Fazit: Sobald die Pillen nicht mehr eingenommen werden, kehrt der Appetit wieder zurück und die alten Gewichtsprobleme beginnen von vorne.

Die erlaubten Nahrungsmittel

Milchprodukte
Magermich, Naturjoghurt aus Magermilch, Fruchtjoghurt aus Magermilch (künstlich gesüsst), Blanc battu mit 0% Fettgehalt, Käsesorten mit maximal 25% Fett in der Trockenmasse.

Fleisch, Geflügel, Fisch usw.
Erstklassiges, mageres Fleisch vom Kalb, Rind, Schwein, Pferd, Lamm, Kaninchen, Reh, Nieren, Leber, Milken, Zunge, Schinken ohne Fett; Geflügel ohne Haut, Fasan, Taube; alle Fische und Meeresfrüchte; Eier.

Stärkehaltige Nahrungsmittel nur in begrenzter Form
Vollkornbrot, Weissbrot, Kleie, Zwieback, Cracker, Paniermehl, Mehl, Maisstärke- und Kartoffelmehl.

Gemüse
Tomaten, Spinat, Artischocken, Lattich, Zucchini, Zwiebeln,

Pilze, Auberginen, Spargeln, Blumenkohl, Kohl, Gurken, Endivien, Kopfsalat, Chicoree, grüne Bohnen, Fenchel, Sellerie, Karotten, Schwarzwurzeln, Lauch, weisse Rüben, Erbsen, Kartoffeln.

Früchte
Aprikosen, Ananas, Melonen, Zitronen, Erdbeeren, Himbeeren, Johannisbeeren, Mandarinen, Orangen, Grapefruits, Heidelbeeren, Pfirsiche, Birnen, Äpfel, Nektarinen, Pflaumen, Mirabellen.

Fette nur in begrenzter Form (10 g pro Tag nach Wahl)
Butter, Öl, Rahm (Sahne), Margarine.

Getränke
Kohlensäurefreies oder kohlensäurehaltiges Wasser, Gemüsebouillon, Kräutertees, Kaffee, Tee. Industriell hergestellte Frucht- und Gemüsesäfte nur in begrenzter Menge.

Unerwünschte Nahrungsmittel

Milchprodukte
Voll- und teilentrahmte Milch, Nature- und Fruchtjoghurts aus Vollmilch und teilentrahmter Milch, Milchprodukte, die industriell gefertigt sind und Zucker enthalten (Rahmeiscrème, Flans, Crèmen usw.).
Ziegenkäse, Blaukäse, Roquefort, Nusskäse, Rahmkäse, Halbfett- und Vollfettkäse, Doppelrahmkäse.

Fleisch- und Fleischprodukte, Geflügel, Eier
Fleisch und Geflügel zweiter und dritter Qualität, die einen grossen Fettanteil haben; sämtliche Wurstwaren, Wurst- und Fleischkonserven, tiefgekühlte Fleisch- und Wurstprodukte; gebratene Eier.

Stärkehaltige Produkte
Reis, Kartoffeln, Erbsen, Teigwaren, Gries, Sago, Mais, Haferflocken, Pop-Corn, Corn-Flakes, Trockengebäck gesalzen und gesüsst, Patisserie.

Gemüse
Pommes-Frites, Chips, gekochte Gemüsegerichte.

Früchte
Trockenfrüchte, Rosinen, Bananen, Pflaumen; Kerne wie Walnusskerne, Haselnüsse, Mandeln, Pistazien usw.; Kastanien, Avocados, Trauben, Feigen, Datteln, in Zuckersirup konservierte Früchte.

Fette
Schweineschmalz, Speck.

Süssprodukte
Konfitüren, Gelees, Honig, Zucker, Schokoladen, Konditorwaren, gesüsste Getränke, jegliche Art von Limonaden, Sirup, Schokoladengetränke, malzhaltige Getränke.

Alkoholische Getränke
Bier, Wein, Aperitifs, gebrannte Wasser, usw.

Gleichwertige Kraftspender

3 dl Magermilch entsprechen	180 g Naturejoghurt aus teilentrahmter Milch 100 g Blanc battu (0% Fett) 30 g Halbfettkäse (25% Fett)
100 g mageres Fleisch entspricht	50 g fettem Fleisch 150 g Fisch 2 Eiern
30 g Brot entspricht	2 Zwieback 1 Toast 20 g Haferflocken
100 g Kartoffeln entsprechen	25 g Reis oder Teigwaren (Rohgewicht) 100 g Reis oder Teigwaren gekocht
100 g Tomaten, Zucchetti, Endivien, Pilze entsprechen	50 g Karotten, Schwarzwurzeln, Lauch

Mengenmässiger Ernährungsplan für 1 Tag

Frühstück
Ungezuckertes Getränk nach Belieben 0,2 dl entrahmte Milch 1 Eiweissportion bestehend aus: 1 Magermilch-Joghurt (180 g), oder 100 g Blanc battu (0% Fett), oder 40 g Viertelfett-Käse (15% Fett in der Trockenmasse) oder 1 Tranche magerem Schinken oder 100 g magerem Fleisch, oder 1 hartgekochten Ei. Bemerkung: Künstlicher Süssstoff ist erlaubt.
Mittagessen
Rohkost oder Meeresfrüchte oder kleine Vorspeise, zubereitet gemäss den Rezepten. 100 bis 150 g mageres Fleisch, Fisch, Innereien oder Geflügel 200 g Gemüse Grüner Salat 1 Frucht
Abendessen
100 g gekochtes oder rohes Gemüse 150 g Fisch oder Ebenbürtiges 200 g Gemüse Grüner Salat

Frühstücksvorschläge

Montag
Warme Getränke (Kaffee, Tee) entrahmte Milch 1 Magermilch-Joghurt
Dienstag
Warme Getränke (Kaffee, Tee) entrahmte Milch 100 g kaltes Fleisch (z. B. Roastbeef)
Mittwoch
Warme Getränke (Kaffee, Tee) entrahmte Milch weiches oder hartgekochtes Ei
Donnerstag
Warme Getränke (Kaffee, Tee) entrahmte Milch 1 Tranche magerer Schinken

Freitag
Warme Getränke (Kaffee, Tee) entrahmte Milch 40 g Viertelfett-Käse
Samstag
Warme Getränke (Kaffee, Tee) entrahmte Milch 100 g kaltes Huhn ohne Haut
Sonntag
Warme Getränke (Kaffee, Tee) entrahmte Milch 100 g Blanc battu, 0% Fett

Menuvorschläge (ohne Rezepte)

Nachstehende Menu-Zusammenstellungen sollen zeigen, wie abwechslungsreich eine für die Zellulitis notwendige geänderte Ernährung sein kann. Nebst ausgewogener Zusammenstellung ist die richtige Zubereitung genauso wichtig: schonendstes Kochen der Gemüse (am besten über Dampf), Verzicht auf Öl und Fett, wenig Salz.

Mittagessen	*Abendessen*
Marinierte Muscheln Entrecôte oder Filet, grilliert Schwarzwurzeln Grüner Salat	Klare Bouillon mit Julienne-Gemüse Fisch im Ofen gegart Fenchel Grüner Salat
Radieschen Grillpoulet ohne Haut Grüne Bohnen Grüner Salat	Gemüsesuppe Fisch in Bouillon gegart Tomaten im Ofen Grüner Salat

Rohkost-Cocktail Rindsfilet Sauerampfergemüse Grüner Salat	Lauchflan Tartarsteak Spargeln Grüner Salat
Marinierte Muscheln Kalbsbraten Blumenkohl Grüner Salat	Gemüsesuppe Seezunge, grilliert Fenchel Grüner Salat
Crevetten-Cocktail Entrecôte Provençal-Tomaten Grüner Salat	Artischockenböden Geflügel grilliert mit Estragon Karotten Grüner Salat
Rohkost-Cocktail Fisch in Bouillon Gemüseteller Grüner Salat	Spargeln Kalter Fleischteller (Roastbeef, Schinken) Grüne Bohnen Grüner Salat
Radieschen Fisch mit Limone Schwarzwurzeln Grüner Salat	Palmenherzen Filet, grilliert Rosenkohl Grüner Salat
Artischocken Kalbsschnitzel Gedünstete Rote Beete Grüner Salat	Gemüsesuppe Fisch in Folie gegart Spinat Grüner Salat
Muscheln mit Majoran Lammkeule Provençal-Tomaten Grüner Salat	Gemischter Rohkost-Teller Frischer Lachs, grilliert Chicorée im Ofen Grüner Salat

Mittagessen	*Abendessen*
Spargeln Seezunge grilliert Gemüsebouquet Grüner Salat	Gemüsecrèmesuppe Fisch im Ofen Überbackener Blumenkohl Grüner Salat
Karottensalat Grüner Salat Kalbskotelette mit Kräutern Geschmorte Tomaten und Gurken	Grapefruit-Cocktail Pochierter Fisch mit Kapern Gedämpfte Zucchetti Grüner Salat
Geräucherter Lachs Grillpoulet ohne Haut Waldpilze Grüner Salat	Grüne Bohnen 2 Tranchen magerer Schinken Chicorée Grüner Salat

Als Ergänzung zu den Mahlzeiten dürfen Sie jeden Tag eine Frucht oder ein ebenbürtiges Dessert (siehe Rezepte) zu sich nehmen.

Die nachfolgenden Rezepte, immer für *4 Personen* bestimmt, können Sie in den Menuplan miteinbeziehen, oder daraus sogar ganze Mahlzeiten zusammenstellen.

Vorspeisen und Salate

Kapitel 3

Rohe St.-Jakobs-Muscheln mit Limonen

200 g	ausgelöste St. Jakobs-Muscheln
60 g	geschälte Crevetten
½	Limone, Saft davon
1½	Limone
1	Petersilienzweig, fein gehackt
50 g	Kiwi
2	Frühlingszwiebeln, fein gehackt
80 g	grüne Bohnen
1 Prise	Paprikapulver
	Friséesalat, Kresse
	Salz, grüne Pfefferkörner
1 TL	Olivenöl

zirka 100 Kalorien pro Person

Die Muscheln mit Zitronensaft, gehackten Zwiebeln und Petersilienzweig sowie einigen grünen Pfefferkörnern zwei Stunden marinieren. Bohnen über Dampf oder in wenig Salzwasser weichkochen. Salat und Kresse waschen und gut abtropfen lassen. Auf Teller verteilen. Crevetten und Muscheln darauf verteilen. Kiwi schälen und in feine Scheiben schneiden. Zusammen mit den noch warmen Bohnen und den Limonenscheiben als Garnitur verwenden. Mit einer Drehung frischem Pfeffer und einem Hauch Paprikapulver würzen. Wenige Tropfen Olivenöl darüberträufeln.

Muschel-Cocktail und Julienne-Gemüse

120 g	Muscheln, ausgenommen
200 g	Karotten
200 g	Lauch
200 g	Zucchetti
	Saisonsalat
5 EL	Fischfond oder Gemüsebouillon
4 EL	Curry-Mayonnaise (Rezept Seite 110)
1	Sträusschen Petersilie, fein gehackt

zirka 90 Kalorien pro Person

Die gewaschenen und gerüsteten Gemüse in feinste Streifen (Julienne) schneiden und im Fischfond kurz dünsten.

Saisonsalat waschen und gut abtropfen lassen. Auf die Teller verteilen. Gedünstetes Gemüse samt Muscheln darauf anrichten. Mit gehackter Petersilie bestreuen. Mit einer Curry-Mayonnaise servieren.

St.-Jakobs-Muscheln

200 g	ausgenommene St.-Jakobs-Muscheln
2	Schalotten, fein gehackt
1 TL	grüner Pfeffer
2	Limonen, Saft davon
1 EL	Olivenöl
50 g	roter Paprika (Peperoni)
1	Kopfsalat
1 Bund	Schnittlauch, fein geschnitten
wenig	Estragon, fein gehackt

zirka 90 Kalorien pro Person

Muscheln waschen. Aus dem Zitronensaft, dem Olivenöl, den Schalotten, dem grünen Pfeffer und der Hälfte des fein geschnittenen Paprika eine Sauce zubereiten. Muscheln in der Sauce 2 Stunden marinieren. Salat in Blätter zupfen, waschen und gut abtropfen lassen. Auf Glasteller oder in Glasschalen anrichten. Muscheln daraufgeben und mit dem restlichen, fein geschnittenen Paprika, dem Schnittlauch und Estragon bestreuen.

Crevetten-Flan

200 g	geschälte Crevetten
½ l	Magermilch
3	Eier
1 Bund	Schnittlauch, fein geschnitten
1	Rezeptmenge Tomatensauce (Rezept Seite 109)

zirka 155 Kalorien pro Person

Tomatensauce nach Rezept zubereiten. Crevetten kleinschneiden und zusammen mit dem Schnittlauch in Flanförmchen füllen. Eier und Milch verquirlen, mit Salz und Pfeffer würzen. In die Förmchen giessen.

Im Wasserbad im Ofen bei 150 Grad während 20 bis 30 Minuten pochieren.

Förmchen auf Teller stürzen. Mit der warmen Tomatensauce übergiessen und sofort servieren.

Cocktail Martinique

250 g	Grapefruits
120 g	Kiwis
200 g	frische Ananas
120 g	geschälte Crevetten
	Saisonsalat
1 bis 2	kleine Tomaten
1	Rezeptmenge Diät-Mayonnaise (Rezept Seite 110)
wenig	Ketchup

zirka 135 Kalorien pro Person

Grapefruits schälen. In Schnitze teilen und Häutchen und Kerne entfernen. Ananas und Kiwis schälen und kleinschneiden. Saisonsalat waschen und gut abtropfen lassen, auf Teller anrichten. Früchte mischen und darauf verteilen. Crevetten und Tomaten als Garnitur verwenden. Diät-Mayonnaise mit wenig Ketchup mischen und separat zum Cocktail servieren.

Jamaika-Teller

2	Kiwis
200 g	frische Ananas
200 g	Sojasprossen
80 g	Crevetten, geschält
80 g	roter Paprika (Peperoni)
wenige	Kopfsalatblätter
	Pfeffer aus der Mühle

zirka 85 Kalorien pro Person

Kiwis schälen und in dünne Scheiben schneiden. Ananas und Paprika in feine Streifen schneiden. Salatblätter waschen und gut abtropfen lassen. Auf grosse Teller verteilen. Früchte, Crevetten, Paprika und Sojasprossen sorgfältig mischen und auf die Salatblätter anrichten. Mit einer Drehung frischem Pfeffer würzen.

Skandinavischer Teller

200 g	Rauchlachs
2	Rollmöpse (geräucherter Hering)
100 g	Muscheln, im Essig eingelegt
100 g	geschälte Crevetten
400 g	kleine, feste Tomaten
2	Zitronen
4	Salatblätter
1 Bund	Petersilie
1	Rezeptmenge Diät-Mayonnaise (Rezept Seite 110)
wenig	Ketchup

zirka 215 Kalorien pro Person

Auf Teller Rauchlachs, Rollmöpse, Muscheln und Crevetten anrichten. Tomaten in siedendes Wasser tauchen und schälen. Zitronen in Scheiben schneiden. Tomaten, Zitronen und Salatblatt als Garnitur verwenden. Petersilie darüberstreuen. Die Diät-Mayonnaise mit wenig Ketchup mischen und separat servieren.

Rauchlachs-Mousse

120 g	Rauchlachs
130 g	Weichkäse (Viertelfett)
130 g	Blanc battu
2	Eiweiss
1	Zitrone, Saft davon
1 Msp	Paprikapulver
	Pfeffer aus der Mühle
1 EL	Tomatenkonzentrat
3 Blatt	Gelatine
100 g	Stangensellerie
2	weisse Chicoréestangen

zirka 170 Kalorien pro Person

Geräucherter Lachs und die beiden Käse fein pürieren. Gelatineblätter in kaltes Wasser einlegen, ausdrücken und im Wasserbad auflösen. Zusammen mit dem Tomatenkonzentrat, dem Zitronensaft umd dem Paprikapulver zur Mousse geben. Gut verrühren. Die Eiweiss zu Schnee schlagen und sorgfältig unter die Mousse ziehen.

Glasförmchen mit kaltem Wasser ausspülen. Die Mousse einfüllen. Im Kühlschrank mindestens 2 Stunden fest werden lassen.

Förmchen kurz mit heissem Wasser abspülen. Mousseköpfchen auf Teller stürzen. Mit dem Stangensellerie und dem Chicorée servieren.

Skandinavische Heringe

4	Rollmöpse (geräucherter Hering)
400 g	kleine Tomaten
20 g	Kapern
40 g	Cornichons
wenig	Saisonsalat
1 Bund	Petersilie, fein gehackt
1	Rezeptmenge Cocktail-Sauce (Rezept Seite 108)
1	Zitrone, in Scheiben geschnitten

zirka 200 Kalorien pro Person

Saisonsalat waschen, gut abtropfen lassen und auf Teller anrichten. Tomaten in heisses Wasser tauchen und Haut abziehen. Sämtliche Zutaten auf dem Salat anrichten und mit der Sauce übergiessen. Zitrone als Garnitur verwenden.

Pochierte Eier «Meurette»

1 kleine	Schalotte, fein gehackt
1 dl	Rotwein
¼ l	Kalbsfond
100 g	Schinken
4	Eier
150 g	Champignons
150 g	Tomaten
	Salz und Pfeffer

zirka 230 Kalorien pro Person

Champignons trocken abreiben und rüsten. In einer Pfanne zusammen mit den Schalotten ohne Ölzugabe sorgfältig dünsten. Mit dem Rotwein ablöschen und leicht einreduzieren lassen. Kalbsfond dazugeben. Tomaten in siedendes Wasser tauchen, schälen und in kleine Würfelchen schneiden. Zur Sauce geben. Leicht köcheln lassen.

Zirka 1 l Salzwasser mit 3 EL Essig zum Kochen bringen. Ein Ei nach dem andern sorgfältig in eine Tasse aufschlagen und in die siedende Flüssigkeit gleiten lassen. Während 4 Minuten schwach kochen. Eier mit einer Schaumkelle aus der Pfanne nehmen.

Schinken auf Teller anrichten. Pochiertes Ei darauflegen. Mit der warmen Sauce nappieren. Nach Wunsch mit fein gehackter Petersilie bestreuen.

Lauch-Flan

230 g	Lauch, in Julienne-Streifen geschnitten
½ l	Magermilch
3	Eier
20 g	chinesische schwarze Pilze
wenig	Schnittlauch, fein geschnitten
200 g	Tomaten
	Salz, Pfeffer

zirka 125 Kalorien pro Person

Pilze in kaltem Wasser einweichen. Kleinschneiden. Lauch und Pilze ohne Öl dünsten und in Flanförmchen füllen. Eier und Milch verquirlen. Mit Salz und Pfeffer würzen. In die Förmchen füllen.

Lauchflan im Wasserbad im Ofen bei 150 Grad während 20 bis 30 Minuten pochieren.

Tomaten in heisses Wasser tauchen und schälen. Weichkochen und pürieren. Schnittlauch darunterrühren und wenig würzen.

Flanförmchen auf Teller stürzen und mit der Tomatensauce übergiessen.

Gefüllte Tomaten

600 g	feste, kleine Tomaten
60 g	Roquefort
120 g	Blanc battu
2	Schalotten, fein gehackt
1 Bund	Petersilie, fein gehackt
	Salz, Pfeffer
	Salatblätter als Garnitur

zirka 105 Kalorien pro Person

Den Tomaten einen Deckel wegschneiden. Sorgfältig aushöhlen. Roquefort und Blanc battu mischen. Schalotten, Petersilie und Gewürze dazugeben. Tomaten damit füllen. Auf Salatbätter servieren.

Salat aus dem Garten Zen

30 g	Kresse
100 g	roter italienischer Salat
200 g	grüne Bohnen, gekocht
200 g	geschälte Crevetten
100 g	ausgelöste, gekochte St.-Jakobs-Muscheln
50 g	geräucherter Lachs
10 g	chinesische schwarze Pilze
	Petersilie
1	Rezeptmenge Mareschallin-Sauce (Rezept Seite 108)

zirka 156 Kalorien pro Person

Chinesische schwarze Pilze in Wasser einlegen und weichdünsten. Geräucherten Lachs in Streifen schneiden.

Kresse und roten italienischen Salat waschen und gut abtropfen lassen. Auf Teller anrichten. Sämtliche übrige Zutaten gefällig daraufgeben. Mit gehackter Petersilie bestreuen. Mareschallin-Sauce darüberträufeln.

Geflügelsalat mit Paprika

300 g	mageres Geflügelfleisch
1 l	Wasser
1	Bouquet garni bestehend aus Karotten, Kerbelwurzeln, 1 Zehe Knoblauch, ein paar Pilzen, wenig grünem Kohl, Salz und Pfeffer
100 g	Karotten
100 g	grüner Paprika (Peperoni)
einige	Salatblätter
1	Rezeptmenge Diät-Mayonnaise (Rezept Seite 110)

zirka 277 Kalorien pro Person

Das Bouquet garni in einem Liter Wasser, das man leicht würzt, während 40 Minuten köcheln. Sämtliches Gemüse herausnehmen und das Geflügelfleisch in der Bouillon während 20 bis 25 Minuten auf niedrigster Stufe garen. Geflügel in der Bouillon erkalten lassen. Geflügelhaut abziehen (sie ist sehr fetthaltig) und das Fleisch in feine Streifen schneiden.

Salatblätter auf Teller anrichten. Das Geflügelfleisch daraufgeben. Karotten schälen und mit dem Schälmesser feine Streifen abziehen. Eventuell längs halbieren. Paprika ebenfalls in feine Streifen schneiden. Beide Gemüse über das Geflügel verteilen. Diät-Mayonnaise darübergiessen.

Spinatsalat mit Geflügelleber

400 g	Spinat
200 g	Geflügelleber
2	Schalotten, fein gehackt
½	grüner Salat, in Blätter gezupft
1	Zitrone
1 EL	Öl

zirka 137 Kalorien pro Person

Spinat waschen und in wenig Salzwasser blanchieren. Damit er schön grün bleibt, sofort mit kaltem Wasser abschrecken. Abtropfen lassen, nicht ausdrücken.

Die gehackten Schalotten im Öl dünsten. Leber beigeben und rosa braten. Noch lauwarm in feine Tranchen schneiden.

Die gewaschenen und gut abgetropften Salatblätter auf Teller verteilen. Spinat und Leber gefällig darauf anrichten. Mit wenig Zitronensaft beträufeln. Sofort servieren.

Sommersalat aus dem Gemüsegarten

150 g	Gurken
150 g	Zucchetti
150 g	Radieschen
einige	Blätter Kopfsalat
1	Zwiebel, fein gehackt
20 g	Linsen- oder Sojasprossen
1 Bund	Schnittlauch
	Dill
25 g	Erdbeeren
1	Rezeptmenge Joghurtsauce (Rezept Scitc 108)

zirka 55 Kalorien pro Person

Gurken, Zucchetti und Radieschen rüsten und in feine Streifen schneiden. Zwiebel sowie Linsen- oder Sojasprossen unter das Gemüse mischen.

Kopfsalat waschen und gut abtropfen lassen. In Cocktailgläser verteilen. Gemüsemischung auf die Blätter geben. Mit der Joghurtsauce übergiessen. Als Garnitur die Erdbeeren, Schnittlauch und Dill verwenden.

Nicolas-Salat

1	Apfel
80 g	Magerkäse (Viertelfett-Käse)
40 g	Palmenherzen
100 g	Champignons
400 g	weisser Chicorée
80 g	Rote Beete (Randen), gekocht
1	Sträusschen Petersilie, fein gehackt
3 EL	Mayonnaise (Rezept Seite 110)

zirka 117 Kalorien pro Person

Apfel schälen, vierteln, entkernen und in Scheiben schneiden. Magerkäse und Palmenherzen würfeln. Champignons putzen, grosse halbieren. Rote Beete schälen und würfeln.

Chicorée in die einzelnen Blätter teilen und waschen. Auf Teller kreisförmig anrichten. Sämtliche Zutaten, ausser der Petersilie, mit der Mayonnaise mischen und auf die Chicoréeblätter anrichten. Mit Petersilie bestreuen.

Salat Franc-Comtoise

120 g	Karotten
50 g	Lauch
100 g	Sellerieknolle
100 g	Äpfel
wenig	Saisonsalat als Garnitur
80 g	Magerkäse (Viertelfett-Käse)
1	Rezeptmenge Diät-Mayonnaise (Rezept Seite 110)

zirka 140 Kalorien pro Person

Karotten, Lauch und Sellerie in Julienne-Streifen schneiden. Apfel in Scheibchen schneiden. Salat waschen und gut abtropfen lassen. Auf Teller anrichten. Gemüse, Äpfel und kleingewürfelter Magerkäse mischen und auf den Salat verteilen. Mit der Diät-Mayonnaise übergiessen.

Yam-Yam-Salat

150 g	zarte grüne Bohnen
100 g	Gurken
¼	Kopfsalat
100 g	Sellerieknolle
½	Zitrone, Saft davon
1½	Zitronen
150 g	Rote Beeten (Randen)
1	Sträusschen Petersilie oder wenig Schnittlauch
1	Rezeptmenge Joghurt-Sauce (Rezept Seite 108)

zirka 65 Kalorien pro Person

Bohnen rüsten und über Dampf oder in wenig Salzwasser knackig kochen. Mit kaltem Wasser abschrecken. Gurken in feine Scheiben schneiden. Sellerie rüsten und mit der Bircherraffel reiben. Sofort mit Zitronensaft beträufeln, damit er sich nicht braun verfärbt. Rote Beeten schälen und in Würfel schneiden.

Kopfsalat in Blätter zupfen, waschen und gut abtropfen lassen. Auf Teller verteilen. Rohgemüse mischen und darauf anrichten. Mit gehackter Petersilie oder wenig fein geschnittenem Schnittlauch bestreuen. Zitronen in dünne Scheiben schneiden und als Garnitur verwenden. Eine Yoghurt-Sauce dazu servieren.

Chinesische Suppe

1½ l	Rindsbouillon
20 g	Sago
40 g	Sojasprossen
40 g	roter Paprika (Peperoni)
20 g	chinesiche schwarze Pilze
40 g	Palmenherzen
1	hartgekochtes Ei
4	Salatblätter
1 Bund	Schnittlauch

zirka 70 Kalorien pro Person

Pilze ½ Stunde in kaltem Wasser einweichen. Sago und Sojasprossen nach Anleitung vorbereiten. Paprika in Julienne-Streifen schneiden und über Dampf garen. Palmenherzen in Scheiben schneiden. Hartgekochtes Ei fein hacken.

Rindsbouillon aufkochen und sämtliche Zutaten, ausser Salat und Schnittlauch hineingeben. Salatblätter in Julienne-Streifen schneiden und zusammen mit dem feingeschnittenen Schnittlauch als Garnitur verwenden.

Lattichcrèmesuppe mit Sauerampfer

100 g	Sauerampfer
200 g	Lattich, in feine Streifen geschnitten
50 g	Karotten, fein gewürfelt
100 g	Lauch, in feine Streifen geschnitten
30 g	Zwiebeln, fein gehackt
1 l	Magermilch
¼ l	Wasser
15 g	Maisstärkemehl, in wenig Wasser aufgelöst
	Salz und Pfeffer

zirka 125 Kalorien pro Person

Die Hälfte des Lattichs und sämtliches übriges Gemüse im Milchwasser während 30 Minuten köcheln. Suppe pürieren und durch ein Sieb streichen. Unter Zugabe des Maisstärkemehls erneut aufkochen. Mit Salz und Pfeffer würzen.

In Teller anrichten und mit restlichem Lattich garnieren.

Überbackene Artischockenböden

4	Artischockenböden
200 g	Champignons
2 Tranchen	magerer Schinken (ca. 80 g)
80 g	Magerkäse (Viertelfett-Käse)
6 EL	Tomatenkonzentrat
1	Schalotte
wenig	gehackte Petersilie
	Salz, Pfeffer, Thymian und Lorbeer

zirka 153 Kalorien pro Person

Vorbereitete Artischockenböden in Salzwasser mit wenig Zitronensaft während 15 bis 20 Minuten garen. Gut abtropfen lassen und in eine Gratinform stellen.

Champignons, Schalotte und Schinken fein hacken und zusammen mit der Petersilie dünsten. Tomatenkonzentrat, Thymian und Lorbeer beigeben. Mit Salz und Pfeffer würzen.

Artischockenböden mit der Mischung füllen. Mit dem geriebenen mageren Käse bestreuen und im Ofen bei hoher Temperatur kurz überbacken.

Artischockenböden Royal

4	Artischockenböden
150 g	Julienne-Gemüse (Karotten, Lauch, Gurken)
200 g	geschälte Crevetten
½	Zitrone
wenig	Saisonsalat
1	Rezeptmenge Cocktail-Sauce (Rezept Seite 108)

zirka 140 Kalorien pro Person

Die Artischockenböden in wenig Salzwasser, unter Zugabe von einem Spritzer Zitronensaft zirka 30 Minuten weichkochen. Das Julienne-Gemüse in wenig Salzwasser oder über Dampf knackig kochen.

Artischockenböden leicht aushöhlen. Gemüse und Crevetten mischen. Wenig Zitronensaft darüber träufeln. Auf die Artischocken verteilen. Auf Salatblättern anrichten und mit der Cocktail-Sauce nappieren.

Pilze auf griechische Art

400 g	Champignons (oder eine x-beliebige frische Pilzmischung)
1	Zwiebel, fein gehackt
1	Knoblauchzehe, gepresst
1	Schalotte, fein gehackt
100 g	Stangensellerie, klein geschnitten
1½ dl	Weisswein
300 g	Tomaten
	Thymian, Lorbeer, Koriander, Pfefferkörner, Salz

zirka 65 Kalorien pro Person

Zwiebeln, Schalotte, Knoblauch und Stangensellerie ohne Fettzugabe dünsten und leicht Farbe annehmen lassen. Die geputzten Pilze beigeben und mitdünsten. Mit dem Weisswein ablöschen und etwas einkochen lassen. Tomaten in heisses Wasser tauchen, Haut abziehen und kleinwürfeln. Zu den Pilzen geben. Während 10 Minuten köcheln lassen. Würzen. Kalt servieren.

Früchtecocktail

2	Grapefruits
2	reife Kiwis
2	Orangen
1	Limone, Saft davon
ein paar	Salatblätter

zirka 90 Kalorien pro Person

Von einer Orange feine Streifen (Zesten), möglichst ohne weisse Haut, abschälen. In wenig Wasser knackig kochen.

Grapefruits und Orangen schälen. In Schnitze teilen. Sämtliche Häutchen und Kerne entfernen. Kiwis schälen und in feine Scheiben schneiden.

Salatblätter waschen und gut abtropfen lassen. In Glasschalen oder auf Teller verteilen. Früchte mischen und mit dem Zitronensaft beträufeln. Auf die Salatblätter anrichten. Mit den Orangenstreifchen garnieren.

Fischgerichte

Kapitel 4

Fischsteak an Rotweinsauce

600 g	Fischsteak
50 g	magerer Schinken, in Streifchen geschnitten
50 g	Champignons
100 g	Frühlingszwiebeln, fein gehackt
100 g	Lauch, in Streifchen geschnitten
½ l	guter Rotwein
50 g	Blanc battu
¼ l	Kalbsfond
	Petersilie, Thymian, Lorbeer
1	Limone

zirka 220 Kalorien pro Person

Champignons putzen. Grosse Pilze halbieren oder vierteln. Champignons, Lauch, Schinken und Zwiebeln ohne Öl dünsten. Mit Rotwein ablöschen und auf einen Drittel einreduzieren lassen. Mit dem Kalbsfond auffüllen. Fisch, Thymian und Lorbeer beigeben. Fisch je nach Steakdicke 10 bis 20 Minuten auf kleinem Feuer garen. Fischsteaks warmstellen. Den Fond pürieren. Eventuell noch einmal erwärmen. Blanc battu daruntterrühren. Fisch auf Teller anrichten und mit der Sauce nappieren und gehackter Petersilie und Zitronenscheiben garnieren.

Fisch Meli-Melo

600 g Fisch von fester Qualität
150 g Cornichons
300 g Karotten
wenig Fenchelpulver
einige Salatblätter
Pfeffer
1 Rezeptmenge Diät-Mayonnaise
(Rezept Seite 110)

zirka 300 Kalorien pro Person

Fisch in nicht klebender Pfanne auf kleinem Feuer garen. Erkalten lassen. Cornichons in Scheibchen schneiden. Karotten schälen und mit dem Schälmesser feine Streifen abziehen. Diese eventuell noch längs halbieren. Fisch in mundgerechte Stücke schneiden und mit den Cornichons und den Karotten mischen. Diät-Mayonnaise mit Fenchelpulver und Pfeffer würzen. Unter den Fischsalat rühren. Auf Salatblätter anrichten.

Gedünsteter Fisch mit Weisskäse überbacken

600 g	Fischfilet (Merlan, Rotzunge, Kabeljau usw.)
400 g	Gemüse (gekochte Gemüsemischung, Spinat oder Zucchetti)
200 g	Blanc battu
1	Ei
	Salz, Pfeffer, frische Kräuter

zirka 260 Kalorien pro Person

Bei Verwendung von Spinat, diesen zuerst blanchieren und gut abtropfen lassen. Gemüse in eine Gratinform verteilen. Gewürzte Fischfilets darauflegen. Blanc battu mit einem verquirlten Ei mischen. Mit Salz und Pfeffer würzen. Gehackte frische Kräuter dazugeben. Käsemischung auf die Filets verteilen und im vorgeheizten Ofen bei 200 Grad zirka 25 bis 30 Minuten dünsten.

Gedünsteter Kabeljau mit Gemüse an Safransauce

600 g	Kabeljau
100 g	Karotten
100 g	Lauch
100 g	Sellerieknolle
100 g	Zucchetti
1	Rezeptmenge Sabayon-Sauce (Rezept Seite 109)
wenig	Safranpulver
1 Bund	Petersilie, fein gehackt

zirka 230 Kalorien pro Person

Karotten, Lauch, Sellerie und Zucchetti in feine Streifen schneiden und in eine Gratinform füllen. Den Fisch auf das Gemüsebeet legen und mit Alufolie zugedeckt im Ofen bei 200 Grad 10 bis 15 Minuten garen.

Fisch samt Gemüse auf Teller anrichten. Safranpulver und Petersilie unter die Sabayon mischen und den Fisch damit überziehen.

Lachsschnitte mit weissem Lauch

4	Lachsschnitten zu zirka 120 g
250 g	Lauch, nur weisse Teile
1	Zitrone
1 Bund	Schnittlauch
	Salz, Pfeffer
1	Rezeptmenge Sabayon (Rezept Seite 109)

zirka 340 Kalorien pro Person

Den weissen Lauch waschen und in Streifen schneiden. In eine Gratinform füllen. Lachsschnitten darauflegen und die Hälfte des feingeschnittenen Schnittlauchs, wenig Salz und Pfeffer darüberstreuen. Mit Alufolie zudecken und im vorgeheizten Ofen bei 200 Grad 10 bis 15 Minuten garen.

Der Sabayo, den Saft einer Zitrone sowie den restlichen Schnittlauch beigeben. Lachsschnitten und Lauch auf Teller anrichten. Mit der Sabayon überziehen.

Gebratener Fischspiess mit roter Paprikasauce

600 g	Fisch beliebiger Sorte
2	Zitronen
200 g	roter Paprika (Peperoni)
100 g	Blanc battu
1 EL	Öl
	Thymian, Lorbeer, Petersilie

zirka 174 Kalorien pro Person

Fische in gleich grosse Würfel schneiden und auf vier Spiesse stecken. Mit einem Tuch trockentupfen. Backofengrill vorheizen.

Roten Paprika ohne Öl dünsten. Unter Zugabe von wenig Wasser weichkochen. Zusammen mit dem Blanc battu pürieren. Durch ein Sieb streichen. Mit Salz und Pfeffer leicht würzen.

Fischspiesse mit Öl bepinseln und den gehackten Kräutern bestreuen. Im Ofen, je nach Grösse der Fischstücke, 5 bis 10 Minuten grillieren. Mit warmer Paprikasauce servieren.

Barsch mit feinen Gemüsen

600 g	Barsch, filetiert
200 g	Lauch, nur weisse Teile
200 g	Champignons
100 g	Tomaten
200 g	Gurken
1½	Rezeptmenge Sabayon (Rezept Seite 109)
	Thymian, Lorbeer

zirka 240 Kalorien pro Person

Champignons putzen und in Scheibchen schneiden. Lauch in dünne Ringe schneiden. Tomaten in heisses Wasser tauchen, Haut abziehen und in Würfel schneiden. Gurke in möglichst feine Rondellen aufschneiden. Sämtliches Gemüse in eine Gratinform legen. Barschfilets daraufgeben. Mit Thymian, Lorbeer und wenig Salz würzen. Bei 200 Grad im vorgeheizten Ofen 20 bis 30 Minuten garen. Bei halber Garzeit Gratinform eventuell mit Alufolie bedecken, damit der Fisch nicht austrocknet. Sabayon separat dazu servieren.

Fleischgerichte

Kapitel 5

Jungkaninchen im Brattopf

600 g	Kaninchenfleisch, in Ragoutstücke geschnitten, ohne Knochen
1 EL	Öl
150 g	Gemüse gemischt (Karotten, Sellerie, Tomaten, Zwiebeln, Knoblauch)
50 g	Senf
2 dl	Weisswein
2 dl	Kaninchen- oder Kalbsfond
1	Sträusschen frische Kräuter (Thymian, Rosmarin, Salbei)
1	Handvoll Kresse
	Salz, Pfeffer
400 g	kleine, feste Tomaten

zirka 350 Kalorien pro Person

Das Kaninchenfleisch im heissen Öl anbraten, herausnehmen und abtropfen lassen. Überschüssiges Fett weggiessen. Kleingeschnittenes Gemüse in den Brattopf geben und ohne Fettzugabe dünsten. Fleisch und Kräuter zum Gemüse geben. Mit dem Weisswein ablöschen. Etwas einreduzieren lassen. Fond beigeben und nach Bedarf würzen. Zugedeckt 15 bis 20 Minuten auf kleinem Feuer garen. Brattopfdeckel wegnehmen. Ragoutstücke mit Senf einstreichen und nochmals 30 Minuten schmoren lassen. Verdunstete Flüssigkeit von Zeit zu Zeit durch Fond oder Wasser ersetzen.

Tomaten in heisses Wasser tauchen und Haut abziehen. Im Ofen dünsten. Mit Kresse und Kräutern garniert zum Kaninchenragout servieren.

Grilliertes Hacksteak

600 g	mageres Fleisch (1/3 Rind, 1/3 Kalb, 1/3 Lamm), gehackt
30 g	Schalotten, fein gehackt
reichlich	frische, fein gehackte Kräuter (Thymian, Lorbeer, Rosmarin)
	Senf
	Salz und Pfeffer

zirka 190 Kalorien pro Person

Das Hackfleisch mit den gehackten Schalotten und Kräutern mischen und würzen. In vier Portionen teilen und Steaks formen. Mit Senf bestreichen. Jedes Hacksteak in Alufolie packen und auf dem Holzkohlengrill oder im Backofen garen.

Rindfleisch-Spiesschen

600 g	Rindfleisch, in grosse Würfel geschnitten (Filet, Huft usw.)
100 g	Champignons
200 g	Paprika (Peperoni)
80 g	Zwiebeln
Marinade	bestehend aus 1 EL Olivenöl, 1 gepressten Knoblauchzehe, Paprikapulver, Pfeffer, wenig Salz und frischen, gehackten Gartenkräutern
800 g	kleine, feste Tomaten
wenig	gehackte Zwiebeln, Knoblauch und Petersilie

zirka 350 Kalorien pro Person

Die Rindfleischwürfel mit der Marinade bestreichen und eine Stunde ruhen lassen. Geputzte Champignons, Paprika- und Zwiebelstücke sowie Fleisch abwechslungsweise auf Spiesse stecken. Spiesse auf dem Grill oder im Ofen braten.

Tomaten in heisses Wasser tauchen und die Haut abziehen. Mit den Zwieben, Knoblauch und Petersilie bestreuen. Im Ofen dünsten.

Pochiertes Rindsfilet

600 g	Rindsfilet, gebunden
zirka 1½ l	Rindfleischkraftbrühe
200 g	Karotten
200 g	Lauch
80 g	Sellerie
einige	Pfefferkörner
4	Nelken
2	Lorbeerblätter
400 g	gut gereifte Tomaten
80 g	Zwiebeln
1 EL	Tomatenkonzentrat

zirka 250 Kalorien pro Person

Karotten, Lauch und Sellerie in nicht zu kleine Stücke schneiden. Die Rindfleischkraftbrühe aufkochen. Gemüse, Gewürze und Rindsfilet beigeben. Auf kleinstem Feuer zirka 35 bis 40 Minuten pochieren. Von Zeit zu Zeit den Schaum abschöpfen.

Für die Tomatensauce Zwiebeln ohne Öl dünsten. Die in Stücke geschnittenen Tomaten und -konzentrat beigeben und während 15 bis 20 Minuten weichkochen. Sauce pürieren und durch ein Sieb streichen. Würzen.

Bindeschnur entfernen und das Filet in Tranchen schneiden. Auf Teller anrichten. Fleisch mit der Tomatensauce nappieren. Weichgekochtes Gemüse als Beilage verwenden.

Tournedos mit schwarzem Pfeffer

4	Tournedos zu 150 g
50 g	Blanc battu
1 Glas	Rotwein
	schwarze Pfefferkörner, zerdrückt
	Salz

zirka 210 Kalorien pro Person

Tournedos im schwarzen Pfeffer wenden und gut andrücken. In einer Bratpfanne ohne Fett beidseitig braten. Tournedos warmstellen. Bratfond mit Rotwein ablöschen und einreduzieren lassen. Mit Salz oder wenig Fleischextrakt würzen. Blanc battu unter die Sauce rühren. Die Tournedos mit der Sauce nappieren. Sofort servieren.

Käse und Nachspeisen

Kapitel 6

Quarkkuchen mit Äpfeln

2	Eigelb
10 g	Süssstoff, flüssig
1 EL	Maizena, mit wenig Milch angerührt
10 bis 15 g	Hefe, in wenig Milch aufgelöst
1 EL	Zitronensaft
2,5 dl	Magermilch
4	Eiweiss
400 g	Äpfel

zirka 120 Kalorien pro Person

Äpfel schälen, vierteln und in feine Scheibchen schneiden. Kreisförmig in eine runde Gratinform einfüllen.

Das Eigelb mit dem Süssstoff schaumig schlagen. Maizena, Hefe, Zitronensaft und Milch beifügen. Eiweiss steifschlagen und sorgfältig darunter ziehen. Eimasse über die Äpfel giessen. Kuchen im vorgeheizten Ofen bei mittlerer Temperatur 20 bis 30 Minuten backen.

Marmorierter Weisskäse

600 g	Blanc battu
2	Eier
wenig	lösliches Kaffeepulver oder starken Kaffee
	Süssstoff

zirka 100 Kalorien pro Person

Eiweiss und Eigelb trennen. Eigelb mit wenig Süssstoff und einem Kaffeelöffel warmem Wasser im Wasserbad schaumig rühren. Das Eigelb soll dickflüssig sein. Blanc battu daruntermischen. Eiweiss zu Schnee schlagen und sorgfältig unter die Masse ziehen. Die eine Hälfte der Masse mit dem Kaffee mischen. Die beiden Massen abwechslungsweise in hohe Gläser einfüllen. Mindestens 30 Minuten kaltstellen.

Zitronentraum

400 g	Blanc battu
2	Eier
3	Zitronen
4 Blatt	Gelatine
½ Glas	Wasser
	Süssstoff
	wenig Früchte als Garnitur, je nach Saison

zirka 100 Kalorien pro Person

1 Zitrone gut waschen. Wenige Zesten abschälen und in feinste Streifchen schneiden. Sämtliche Zitronen ausdrükken. Gelatine für einige Minuten in kaltes Wasser einlegen. Eier trennen. Eigelb zusammen mit dem Süssstoff im Wasserbad schaumig rühren. Es soll eine dickliche Masse entstehen. Zesten und Saft dazugeben. Die gut ausgedrückte Gelatine im Wasserbad auflösen und zusammen mit dem Blanc battu unter kräftigem Rühren zum Eigelb geben. Eiweiss zu Schnee schlagen und unter die Masse heben. Zitronentraum in Portionenschalen füllen und im Kühlschrank mindestens 2 Stunden fest werden lassen. Mit wenig Saisonfrüchten garnieren.

Vanillekuchen

4	Eier
2 EL	Maisstärke
	Süssstoff
4	Tropfen Vanille-Essenz

zirka 95 Kalorien pro Person

Eier trennen. Eigelb zusammen mit Süssstoff und Vanille-Essenz im Wasserbad schaumig rühren. Es soll eine dickliche Masse entstehen. Eiweiss steifschlagen und zusammen mit der Maisstärke unter die Eigelbmasse heben.

Eine grosse Form oder kleine Förmchen sparsam einfetten. Masse einfüllen. Das Bisquit bei mittlerer Temperatur im vorgeheizten Ofen 20 Minuten backen.

Überbackener Sabayon mit frischen Früchten

400 g	frische Früchte (Kiwis, Äpfel, Birnen, Trauben, Clementinen)
2	Eigelb
120 g	Blanc battu
1	Zitrone
einige	Tropfen Vanille-Extrakt

zirka 73 Kalorien pro Person

Früchte schälen und in Scheibchen oder Würfel schneiden. Im Zitronensaft gut eine Stunde marinieren.

Eigelb mit einem Esslöffel warmem Wasser und einigen Tropfen Vanille-Extrakt im warmen Wasserbad schaumig rühren. Blanc battu der Eigelbmasse beigeben. Ofen auf Grillstufe vorheizen. Früchte in eine Gratinform füllen und mit der Eihaube überziehen. Im Ofen kurz etwas Farbe annehmen lassen. Sofort servieren.

Käse mit Früchten überbacken

200 g	Blanc battu
200 g	Äpfel
100 g	Kiwis
100 g	Himbeeren

zirka 72 Kalorien pro Person

Den Blanc battu in einer Gratinform glattstreichen. Äpfel und Kiwis schälen und in feine Schnitze schneiden. Die Kiwis schneiden wir für diesen Zweck ebenfalls in der Längsrichtung. Früchte abwechslungsweise auf den Blanc battu legen, bei runder Gratinform kreisförmig. Die Himbeeren mit wenig Wasser erwärmen. Früchtegratin bei hoher Temperatur im Ofen leicht Farbe annehmen lassen. Himbeeren darübergiessen und sofort servieren.

Käsesalat mit Früchten

200 g	Magerkäse
200 g	Chasselas-Trauben
2	Williamsbirnen
1	Limone, Saft davon
wenige	Pfefferminzblätter

zirka 170 Kalorien pro Person

Den Käse in Würfel schneiden. Birnen schälen, vierteln und in feine Scheibchen schneiden. Mit dem Zitronensaft beträufeln. Traubenbeeren, Käse und Birnen mischen. In der Kühle eine Stunde ziehen lassen.

Salat in Glasschalen anrichten und mit Pfefferminzblättchen garnieren.

Himbeermousse

2	Eier
6 dl	Magermilch
500 g	Himbeeren
3 Blatt	Gelatine
	Süssstoff

zirka 140 Kalorien pro Person

Die Hälfte der Himbeeren pürieren und durch ein Sieb streichen (die Himbeersteinchen sind in einer Mousse sehr störend). Gelatineblätter für ein paar Minuten in kaltes Wasser einlegen. Eier trennen. Eigelb mit wenig Süssstoff im Wasserbad schaumig rühren. Es soll eine dickliche Masse entstehen. Milch erhitzen und unter kräftigem Rühren zum Eigelb geben. Gut ausgedrückte Gelatine im Wasserbad auflösen und unter die Eigelbmasse schlagen. Etwas auskühlen lassen. Die Eiweiss zu Schnee schlagen und unter die ausgekühlte Masse heben. Die Glasschalen mit kaltem Wasser ausspülen und die Hälfte der Eimasse einfüllen. Im Kühlschrank leicht fest werden lassen. Die ganzen Himbeeren darauf verteilen und mit einer zweiten Schicht Eimasse bedecken. Erneut für gut 2 Stunden in den Kühlschrank stellen.

Glasschalen mit heissem Wasser kurz abspülen. Himbeermousse auf Teller stürzen. Himbeersauce darübergiessen. Mit einigen ganzen Himbeeren garnieren.

Kiwimousse

400 g	Kiwis
200 g	Blanc battu
2	Eiweiss
2 Blatt	Gelatine
1	Limone
	nach Belieben etwas Süssstoff

zirka 100 Kalorien pro Person

Kiwis schälen. Knapp die Hälfte im Mixer pürieren und für die Sauce auf die Seite stellen. Rest in dünne Scheiben schneiden und diese vierteln. Gelatine wenige Minuten in kaltes Wasser legen. Gut ausdrücken und im Wasserbad auflösen. Gelatine sowie Zitronensaft unter kräftigem Rühren unter den Weisskäse geben. Geviertelte Kiwischeiben dazugeben. Eiweiss zu Schnee schlagen und unter die Masse heben.

Glasschalen mit kaltem Wasser ausspülen und die Kiwimasse einfüllen. Mindestens 2 bis 3 Stunden im Kühlschrank fest werden lassen. Schalen mit heissem Wasser abspülen und die Kiwimousse auf Teller stürzen. Mit der Kiwisauce überziehen.

Gefüllte Ananas

2	Baby-Ananas
200 g	Kiwis
100 g	Himbeeren
100 g	Heidelbeeren
4	Eiweiss
	Süssstoff nach Belieben

zirka 150 Kalorien pro Person

Ananas der Länge nach halbieren und aushöhlen. Fruchtfleisch in Würfelchen schneiden. Kiwis schälen, in feine Scheiben schneiden und vierteln. Sämtliche Früchte sorgfältig mischen und in die Ananashälften füllen. Eiweiss unter Zugabe von wenig Süssstoff zu Schnee schlagen. Auf die Ananashälften verteilen. Im vorgeheizten Ofen auf Grillstufe ganz kurz überbacken. Sofort servieren.

Erfrischender Fruchtsalat

80 g	Äpfel
80 g	Birnen
160 g	Orangen
20 g	Johannisbeeren
80 g	Bananen
120 g	Melonen
40 g	Kiwis

zirka 70 Kalorien pro Person

Sämtliche Früchte schälen und in Würfelchen oder Scheibchen schneiden. Mischen. Kühl servieren.

Kaffee-Flan

½ l	Magermilch
4	Eier
2 EL	Magerjoghurt
wenig	lösliches Kaffeepulver
1 Tasse	Expresso-Kaffee
	Süssstoff nach Belieben

zirka 100 Kalorien pro Person

Eier, Süssstoff und wenig lösliches Kaffeepulver schaumig rühren. Milch aufkochen. Heisse Milch unter ständigem Schlagen unter die Eimasse rühren. Masse in Förmchen füllen und im Wasserbad im Ofen bei zirka 150 Grad 25 bis 30 Minuten pochieren. Flan in den Förmchen erkalten lassen.

Joghurt unter kräftigem Rühren unter den Expresso-Kaffee geben. Nach Wunsch leicht süssen. Flanförmchen kurz heiss abspülen und auf Teller stürzen. Kaffeesauce darübergiessen.

Birnenflan mit Himbeersauce

250 g	Birnen
½ l	Magermilch
2	Eier
100 g	Himbeeren
4	Tropfen Vanille-Extrakt
	Süssstoff

zirka 125 Kalorien pro Person

Birnen schälen und in kleine Würfelchen schneiden. Unter Zugabe von wenig Wasser sorgfältig garen.

Eier und Süssstoff schaumig schlagen. Milch und Vanille-Extrakt aufkochen und unter kräftigem Rühren unter die Eimasse geben. Birnenwürfelchen dazugeben. Masse in Förmchen füllen und im Wasserbad im Ofen bei zirka 150 Grad 20 bis 25 Minuten pochieren. Flan in den Förmchen erkalten lassen. Himbeeren pürieren und durch ein Sieb streichen.

Förmchen mit heissem Wasser kurz abspülen. Flan auf Teller stürzen und mit der Himbeersauce übergiessen.

Ananasäpfel mit Honig überbacken

2	Äpfel
4	Scheiben frische Ananas
40 g	Honig
200 g	Blanc battu
	Zimtpulver

zirka 120 Kalorien pro Person

Die Ananasscheiben in eine Gratinform legen. Äpfel schälen, halbieren und entkernen. Auf die Ananasscheiben legen. Äpfel mit wenig Zimt bestreuen und in die Vertiefung etwas Honig geben. Ofen auf Grillstufe vorheizen und die Ananasäpfel überbacken. Den Blanc battu mit wenig Honig süssen. Ananasäpfel auf Teller anrichten. Blanc battu dazugeben. Noch warm servieren.

Äpfel mit drei Aromen

4	rote Äpfel von guter Qualität
200 g	Blanc battu
	Anispulver
	Zimtpulver
	Vanille-Extrakt, flüssig
1	Limone

zirka 105 Kalorien pro Person

Äpfel schälen und in Scheibchen schneiden. In eine Kasserolle füllen. Aromen und Zitronensaft dazugeben und im Ofen bei schwacher Hitze 30 Minuten garen. Äpfel auskühlen lassen. Blanc battu aufschlagen und in Glasschalen füllen. Äpfel daraufgeben.

Saucen

Kapitel 7

Saucen

Cocktail-Sauce

1	hartgekochtes Ei
200 g	Blanc battu
1½ EL	Ketchup
1 EL	Senf
	Tabascosauce, Worcestersheriesauce

zirka 240 Kalorien

Hartgekochtes Ei fein hacken und mit dem Weisskäse mischen. Würzen.

Joghurt-Sauce

125 g	Magermilch-Joghurt
1 EL	Senf
	frischer Dill
	Salz, Pfeffer

zirka 85 Kalorien

Mareschallin-Sauce

1½ EL	Tomatensaft
30 g	kleingewürfelte Gurken
1½ EL	Zitronensaft
1 EL	Olivenöl

zirka 155 Kalorien

Tomatensauce

200 g	frische Tomaten (oder Pelatitomaten)
1 kleine	Zwiebel, fein gehackt
1 EL	Tomatenkonzentrat
	Salz und Pfeffer

zirka 95 Kalorien

Tomaten in heisses Wasser tauchen. Haut abziehen und Stielansatz herausschneiden. Tomaten in Würfel schneiden. Zwiebeln ohne Öl dünsten. Tomaten und Tomatenkonzentrat beigeben. Weichkochen. Sauce im Mixer pürieren und würzen.

Sabayon

1	Eigelb
100 g	Blanc battu
	Salz

zirka 80 Kalorien

Das Eigelb mit einem Teelöffel warmem Wasser schaumig schlagen. Blanc battu beigeben. Würzen.

Diät-Mayonnaise

1	hartgekochtes Ei
2 EL	Senf
200 g	Blanc battu

zirka 240 Kalorien

Ei möglichst fein hacken und mit dem Senf und Blanc battu mischen. Besondere Note: Eine Handvoll Kresse beimischen und mit einem Spritzer Tabasco würzen.

Curry-Mayonnaise

1	hartgekochtes Ei
1 EL	Currypulver
200 g	Blanc battu
	Salz

zirka 190 Kalorien

Mayonnaise

1	hartgekochtes Eigelb
1 EL	Senf
1 EL	Öl
60 g	Blanc battu oder Magerjoghurt
	Salz und Pfeffer

zirka 245 Kalorien

Hartes Eigelb verdrücken. Senf, Öl und Blanc battu zusammen mit dem Eigelb zu einer Masse verrühren. Würzen.

Ratschläge für die Verpflegung im Restaurant

- Wahl der Vorspeise: Grapefruit (ohne Zucker), Rohkostteller ohne Gewürze (Zitrone verlangen), Meeresfrüchte ohne Sauce, Melone natur
- Fleisch oder Fisch grilliert
- Nur pochierte oder hartgekochte Eier
- Keine Kartoffeln, kein Reis, keine Teigwaren. An deren Stelle frisches Gemüse
- Käse in den erlaubten Mengen
- Als Dessert eine frische Frucht
- Mahlzeit mit einem Kaffee oder einem Kräutertee (ohne Zucker) beenden. Künstlicher Süssstoff ist erlaubt.
- Auf Wurstwaren, Gerichte mit Saucen, Konservenfrüchte, Pâtisserie und Eiscrèmes verzichten
- Nie zweimal von einer Speise nehmen
- Zu Beginn des Essens das Glas halb füllen lassen. Erst austrinken, wenn die Mahlzeit beendet ist.
- Aperitif durch einen frischen Frucht- oder Gemüsesaft ersetzen
- keine gebrannten Wasser und Liqueure

Dritter Teil

Gymnastikübungen – angepasst an die Zellulitis-Behandlung

Die hier empfohlenen Gymnastikübungen dienen hauptsächlich dazu, die Muskeln des Bauches, des Unterleibes, des Gesässes und der Oberschenkel zu festigen. Sie fördern ganz allgemein die Beweglichkeit und einige sind geeignet, die Muskelbildung positiv zu beeinflussen.

Es ist wichtig, auf die Fortschritte zu achten. Die Übungen sollten je zehn mal täglich ausgeführt werden. Dabei sind Übertreibungen unbedingt zu unterlassen. Das Pensum darf ruhig etwas kleiner gestaltet werden, wenn der Körper überfordert ist.

1) Auf dem Rücken, die Arme ausgesteckt, die Oberschenkel auf dem Becken angezogen

- Beim Ausatmen die zusammengehaltenen Knie in Richtung des rechten Ellenbogens führen.
- In die Anfangsposition zurückkommen und die Bewegung wiederholen. Immer nach links ausatmen.

2) Auf dem Rücken, die Oberschenkel auf dem Becken angezogen, die Arme entlang des Körpers

- Beim Ausatmen Knie gegen den Kopf führen, die Arme entlang des Körpers belassen.
- Beim Einatmen in die Ausgangsstellung zurückgehen.

3) Auf dem Rücken, die Arme entlang des Körpers, die Knie halb angezogen, die Füsse auf dem Boden

- Tief ausatmen, den Bauch fest einziehen und die Gesässbacken stark anspannen.
- In dieser Position verbleiben, ohne den Rücken zu heben, bis Sie ausgeatmet haben.
- Zur Ausgangsposition zurückkommen, einatmen und die Übung wiederholen.

4) Auf dem Rücken, die Beine am Boden ausgestreckt, die Hände unter dem Nacken gekreuzt

- Beim Ausatmen den rechten Ellenbogen dem linken, gebeugten Knie gegenüberstellen.
- Zur Ausgangsposition zurückkommen, dabei einatmen, die Bewegung gegengleich ausführen.

5) Auf dem Rücken, die Knie halb gebeugt, die Hände auf der Oberseite der Oberschenkel, die Arme gestreckt

- Stark ausatmen, den Oberkörper heben und gleichzeitig die Hände entlang den Oberschenkeln in Richtung Knie gleiten lassen.
- In dieser Position verharren, bis die Ausatmung beendet ist.
- Mit Einatmen in die Ausgangsposition zurückgehen.

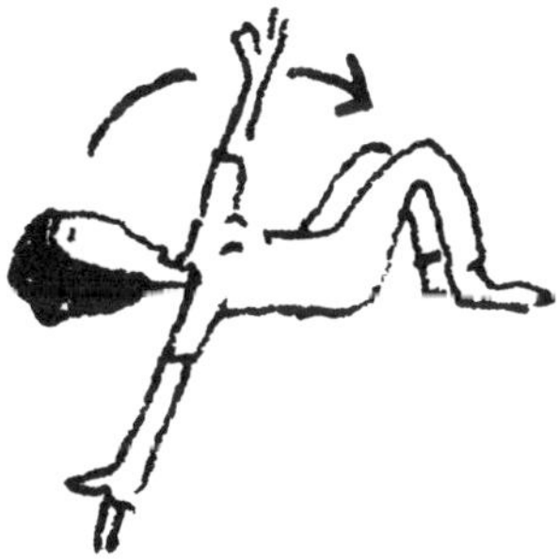

6) Auf dem Rücken, die Arme ausgestreckt, die Knie halb angezogen, die Füsse auf dem Boden

- Stark ausatmen, sich aufsetzen und dabei die Arme nach vorn nehmen.
- In die Ausgangsposition zurückkommen, dabei einatmen und auf der Wirbelsäule abrollen.

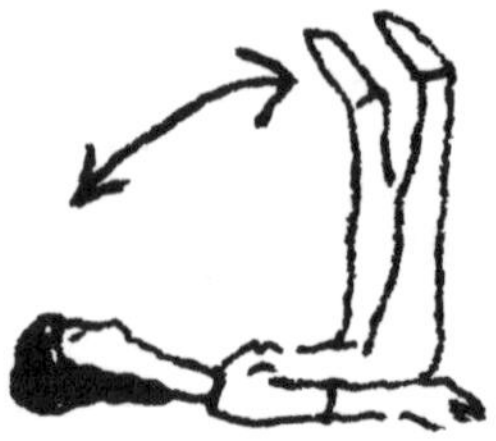

7) Auf dem Rücken, die Arme am Körper, die Beine vertikal gestreckt

- Beim Ausatmen Hin- und Herbewegungen mit geschlossenen Füssen in Richtung des Kopfes machen, bei jeder Bewegung leicht ausatmen.

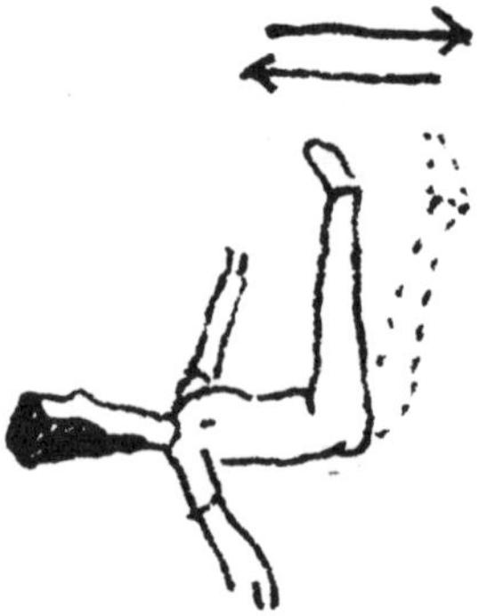

8) Auf dem Rücken, die Arme ausgestreckt, die Handballen auf dem Boden, die Beine vertikal gestreckt

- Das rechte Bein um 45° senken. Dabei einatmen.
- Einatmen stoppen. Das linke Bein zum rechten Bein führen.
- Die Beine wieder vertikal strecken.
- Dieselbe Übung mit dem linken Bein

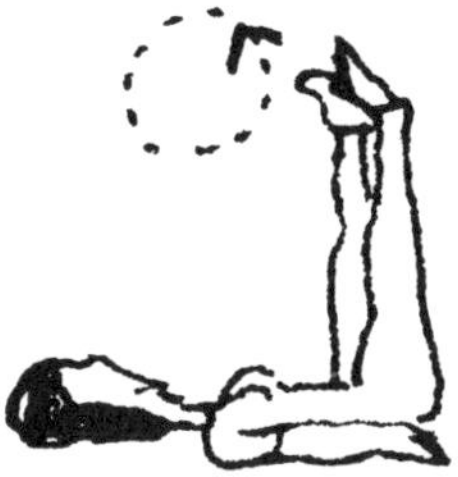

9) Auf dem Rücken, die Arme am Körper, die Beine vertikal gestreckt

- Mit den Beinen Kreise ziehen, dabei ausatmen.
- Die gleiche Bewegung in der Gegenrichtung ausführen.

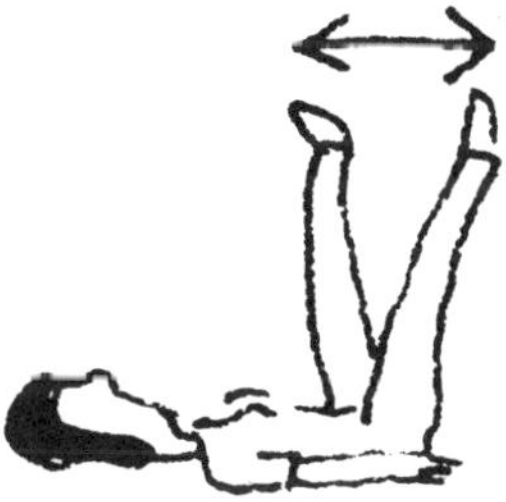

10) Auf dem Rücken, die Arme am Körper, die Beine vertikal gestreckt

- Leichte, wechselnde Scherenbewegungen mit gestreckten Beinen.

11) Auf dem Rücken, die Arme ausgestreckt, die Beine vertikal gestreckt

- Füsse geschlossen, leichtes Wiegen der gestreckten Beine nach links und nach rechts.

12) Auf dem Rücken, die Beine im Winkel von 45° gestreckt, Fusssohle gegen eine Wand gestemmt, die Arme in Richtung der Füsse gestreckt

- Die Hände in Richtung Füsse bringen, sich mit dem Oberkörper aufrichten und stark ausatmen.
- Einige Sekunden so verbleiben.
- Zur Ausgangsposition zurückgehen, dabei einatmen. Die Übung wiederholen.

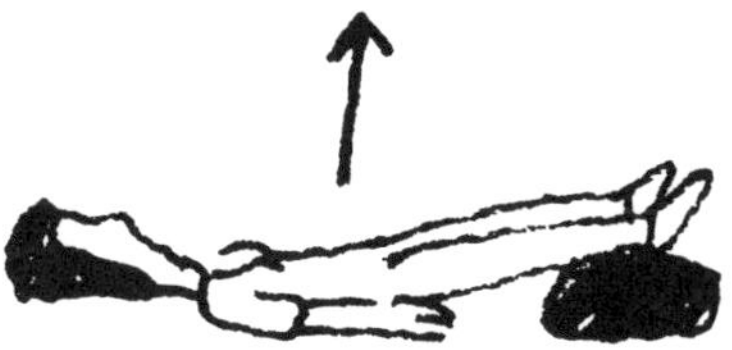

13) Auf dem Rücken, die Arme entlang dem Körper, die Beine gestreckt und auf einem Kissen von 10 bis 15 cm aufgelegt

- Mit eingezogenem Bauch ausatmen, das Becken vom Boden heben, dabei die Fussspitzen nach aussen drehen.
- Einatmen, auf den Boden zurückkommen und wiederholen.

14) Aal-Übung: Auf dem Rücken, die Arme entlang dem Körper, die Oberschenkel auf dem Becken angezogen

- Die Knie auf die rechte Seite fallen lassen.
- Die Beine ausstrecken und in die Vertikale bringen.
- In die Ausgangsposition zurückgehen.
- Dieselbe Übung auf die linke Seite ausführen.

15) Auf der Seite liegend, die Beine gestreckt und leicht angehoben, die freie Hand flach vor die Brust gelegt

- Horizontale Beinbewegungen ausführen.

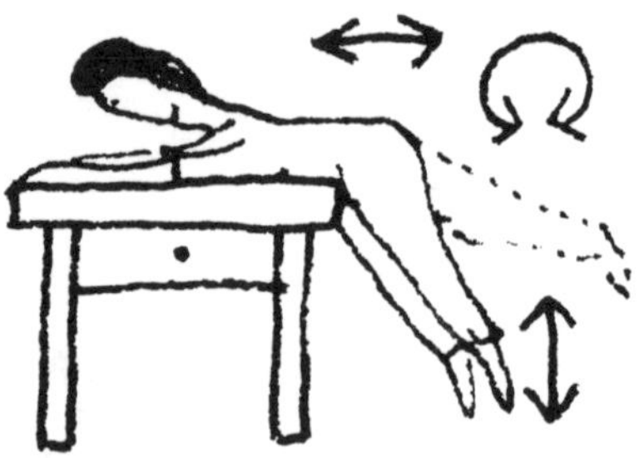

16) Auf dem Bauch, am Ende eines stabilen, rechteckigen Tisches, die Beine zusammen gehalten, die Fussspitzen auf dem Boden, mit den Händen den Tischrand haltend

- Die gestreckten Beine anheben. Ruhen.
- Seitliche Scherenbewegungen ausführen. Ruhen.
- Vertikale Scherenbewegungen machen. Ruhen.

Anhang

Schlusswort

Dieses Buch hat versucht, sachlich zu informieren, Licht in die Problematik der Zellulitis zu bringen, von der ein grosser Teil der weiblichen Bevölkerung betroffen ist. Wir wollen zum Schluss zwei wichtige Punkte in Erinnerung rufen:

- Die Zellulitis ist im strengen Sinne mehr ein Leiden als eine Krankheit. Keine der durchgeführten Behandlungen darf ihrem Organismus schaden.
- Grosse Geduld ist die wichtigste Voraussetzung. Es sind oft die einfachsten und die während langer Zeit angewandten Therapien, die zum Erfolg führen.

Das Ziel, die Zellulitis zu besiegen, liegt am Ende eines langen Weges. Wunder auf diesem Gebiet sind selten.

Erklärung einiger medizinischer Ausdrücke

[1] **Gonadotrope Hormone:** Nicht geschlechtsspezifische Hormone. Steuern Entwicklung und regulieren die Funktion der Geschlechtsdrüsen bei Mann und Frau.

[2] **Grundsubstanz:** Eine Art Gelee, der Zellen und Fibern enthält. Das ganze bildet zusammen eine Haut.

[3] **Östrogen:** Eierstock-Hormon, dessen Aufgabe es ist, das Dickenwachstum der Gebärmutterschleimhaut zu steuern.

[4] **Lymphatische Gefässe:** Zusammen mit den Lymphdrüsen bilden sie den Durchblutungsapparat.

[5] **Progesteron:** Permanentes Eierstock-Hormon. Es hat die Aufgabe, das befruchtete Ei in der Gebärmutter zu fixieren und zu entwickeln.

[6] **Menopause oder Abbruch der menstruellen Funktion:** Sie bedeutet das Ende der Eierstock-Tätigkeit und wird begleitet vom Abbau der sexuellen Aktivität und Hitzewelllen. Auch psychische Störungen sowie Störungen der Drüsen sind möglich.

[7] **Eierstock:** Weibliche Geschlechtsdrüse, in der sich die Eizellen bilden und die Hormone produziert werden.

[8] **Atonie:** Verminderung der normalen Spannkraft eines Organes (z. B. Muskeln).

[9] **Insulin:** Aus der Bauspeicheldrüse stammendes, anti-diabetisches Hormon. Es verringert den Blutzuckergehalt und fördert die Verwendung des Zuckers durch die Gewebe.

[10] **Polymerisation:** Vereinigung einiger identischer Moleküle, um ein neues, grösseres Molekül zu bilden.

[11] **Eutrophie:** Perfekte und regelmässige Ernährung und Entwicklung aller Teile des Organismus.

[12] **Bindegewebe:** Gewebe mit den Funktionen «Füllen», «Stützen» und «Schützen».

[13] **Krampfader:** Permanente Erweiterung einer Vene.

[14] **Besenreiser:** Kleine, unter der Haut sichtbare Blutäderchen durch Veneninsuffizienz.

[15] **Oedeme:** Pathologische Anschwellung von Gewebe unter der Haut durch Infiltration von wässriger Flüssigkeit.

[16] **Metabolit:** Organische Substanz mit schwachem molekularem Gewicht, die an den Reaktionen des Stoffwechsels teilnimmt. (Unter der Bezeichnung «Triaccana» nur in Frankreich und Grossbritannien erhältlich. Fragen Sie den Arzt nach dem entsprechenden Produkt in Ihrem Land.)

[17] **Lipodystrophie:** Fettgewebeschwund.

[18] **Triglyceride:** Im Blut zirkulierende Fette, die hauptsächlich durch den Genuss von Zucker und Alkohol entstehen.

[19] **Hämatome:** Blutgeschwulst in einer natürlichen Höhlung oder unter der Haut infolge eines Gefässbruchs.

[20] **Choleretika:** Nennen sich Medikamente, die den Gallenfluss erhöhen.

[21] **Fettbiosynthese:** Produktion von Fett.

[22] **Fettsäuren:** Chemischer Körper, der in Verbindung mit Alkohol die im Blut zirkulierenden Fette bildet.

[23] **Elektronen:** Kleinste Materieteilchen, mit negativer Elekterizität geladen, eines der Atomgrundelemente.

[24] **Elektrolyse:** Chemische Zersetzung von Substanzen in Verbindung oder Auflösung durch elektrischen Strom.

[25] **Hyperämie:** Erweiterung von Blutgefässen: Blutstau in der Schleimhaut nach einer lokalen Reizung.

[26] **Spurenelemente:** Name für einige Metalle und Metalloide (Eisen, Zink, Magnesium, Fluor, Kupfer, Aluminium, Jod)), deren Präsenz in unendlich kleiner Dosis in der Ernährung unentbehrlich ist.

[27] **Proteine:** Protein ist der Name für die Gruppe von Aminosäuren und die Körper, die durch die Hydrolyse entstehen.

[28] **Süssstoff:** Chemische Substanz, die den Zucker ersetzen kann (ohne Kalorienzufuhr).

[29] **Gefässinsuffzienz:** Ungenügende Funktion der Blutgefässe.

[30] **Toxisch:** Giftige Dosis.

[31] **Hyperöstrogenismus:** Vermehrte Bildung resp. Absonderung von Östrogenen.

[32] **Thyroide Hormone:** Hormon aus der Schilddrüse.

Die Autoren

Dr. Jacques Lemoulinier
hat an der Universität Strassburg Medizin studiert und sich schon früh für die Probleme der Ernährung und der Schönheitsmedizin interessiert.
Über 10000 Kranke hat er seither wegen Übergewicht und Zellulitis behandelt. Er war während vielen Jahren Leiter der Ernährungsabteilung am Thalassotherapie-Institut von Quiberon, einer kleinen Ortschaft in der Bretagne. Dort hat er zusammen mit seinen Mitarbeitern und einem Chefkoch, Patrick Burger, eine wirksame Diät zur Bekämpfung von Übergewicht und Zellulitis entwickelt. Der Autor eröffnete im Jahre 1986 in Cannes eine eigene Praxis.

Patrick Burger
besitzt ein Diplom als Traiteur und ein zweites als Koch. Er begann seine Laufbahn als Chefkoch in Feinschmecker-Lokalen auf dem Land. In den Jahren 1978 bis 1984 war er Chefkoch im Diäthotel Sofitel in Quiberon.
Die Natur, die natürlichen Heilmethoden und die leichte Küche haben ihn schon immer interessiert. Er wandte sich deshalb der Ernährungswissenschaft zu und erforschte die traditionelle und vegetarische Küche wie auch die diätetische Ernährung von Morgen. Patrick Burger ist heute Chefkoch in einem renommierten Kur- und Bäderhotel im Leukerbad (Schweiz).

Jean Guias
begann seine kinesitherapeutischen Studien im Kinderspital Necker in Paris. Sein Staatsdiplom erhielt er 1956. Mit Dr. René Lapraz, der während zehn Jahren sein Mitarbeiter war, erlernte er die Technik der Pouliethérapie. Seit 1976 ist er Kinesitherapeut in Quiberon. Hier hat er die Übungen der Pouliethérapie entwickelt, die man erfolgreich gegen Zellulitis einsetzt. Jean Guias interessiert sich für alle Techniken der Massokinesitherapie, die bei Gefässleiden und Zellulitis bei der Frau Heilung bringen.